www.tredition.de

AF202325

Das Buch

Achtsam sein, wenn sich die Ideen zeigen. Das ist das Wichtigste beim Schreiben aus meiner Sicht.

Geschichten stellen sich dann als lediglich geordnete Wörterketten heraus. Bunter Feenstaub wird zum Zuckerguss für Ziele. Zum Schluss eine Erkenntnis für alle, die es noch nicht wussten: Liebe ist ein unzuverlässiger Begleiter.

Fünfzehn literarische Erzählungen und ein Gedicht zur Achtsamkeit. Die Geschichten streicheln die Seele, um die Achtsamkeit zu wecken. Sie sind voller Fantasie und Humor, unterhaltsam und manchmal nachdenklich. Wer die Kurzgeschichten ein zweites oder drittes Mal liest, wird weiterhin neue Facetten in ihnen entdecken.

Die Autorin

Angela Thormann wuchs in Norddeutschland auf. Seit mehreren Jahrzehnten lebt sie in Bayern. Bereits während des Anglistikstudiums faszinierten sie amerikanische und englische Kurzgeschichten. Ihre Liebe gilt dem Schreiben. Als Schreibcoach begleitet sie Menschen, die den tiefen Wunsch haben, ein Buch im fiktionalen Genre zu schreiben. Darüber hinaus veranstaltet sie Seminare zum literarischen Schreiben.

Mehr Informationen unter: www.angelathormann.de

Angela Thormann

Der Gedankenwald

✮ Erzählungen und ein Gedicht zur Achtsamkeit ✮

www.tredition.de

© 2018 Angela Thormann

Verlag und Druck: tredition GmbH, Halenreie 40 - 44, 22359 Hamburg

ISBN

Paperback:	978-3-7469-0944-8
Hardcover:	978-3-7469-0945-5
e-Book:	978-3-7469-0946-2

Inhalt

Für

Auguste, Ottilie und Hedwig

Klopf` an den Himmel und hör` auf den Klang.

(Zen-Weisheit)

✩ Taschentücher und eine Dose Mitleid

»Für dich ist das Glas immer halbvoll.«

Die letzten Worte gingen im Weinen unter. Ein zusammenge-knülltes Papiertaschentuch landete auf dem Tisch bei den anderen.

Louisa betrachtete ihre Freundin auf der Couch. Diese hatte die Knie vor dem Bauch hochgezogen, die Schultern leicht nach vorne gebeugt, so dass die Brust eingefallen war, aber die Augen … Sie blickten wild entschlossen wie ein Dackel vor dem Zubeißen.

»Ich habe nicht gesagt, dass die Situation leicht für dich ist. Inzwischen sitzen wir die gesamte Nacht beisammen. Die ganze Zeit jammerst du und weinst dir die Augen aus dem Kopf. Es wird Jahre dauern, bis sie nicht mehr rot sind. Hast du vergessen, wie oft du bei mir warst und über ihn geschimpft hast? Wie häufig er dich bei Verabredungen versetzt hat? Oder wenn er vergessen hatte, für den Abend einzukaufen? Sei froh, dass du ihn los bist. Du bist endlich frei. Schluss damit! Ich gehe in die Küche und mache uns Frühstück.«

Ein Aufheulen war die Antwort. Ein weiteres Taschentuch flog an Louisa vorbei auf den Wohnzimmertisch.

Drei Wochen war die Trennung her. Jeder Morgen begann mit dem Blick auf das Handy. Keine SMS, kein verpasster Anruf. Rena drückte ihr Gesicht ins Kopfkissen. Sie spürte die Nässe des Stoffes. Warum meldete er sich nicht? Zugegeben, sie hatten sich gestritten. Das kam in letzter Zeit häufiger vor. In der Vergangenheit hatten sie sich bereits zweimal getrennt. Danach rief er sie jedes Mal zerknirscht an und bereute die Trennung. Gleichzeitig versprach er, sich zu bessern. Und dieses Mal? Nichts! Funkstille! Er liebte sie doch! Wie lang 24 Stunden sein können! Bei der Arbeit am Schreibtisch war es am ehesten auszuhalten. Schlimmer wurde es in der Mittagspause oder auf dem Nachhauseweg. Überall glückliche Paare – eng umschlungen, küssend, lachend, strahlend. Sie konnte den Anblick kaum ertragen. Gleichzeitig wurden ihre Augen scheinbar magisch angezogen. Genauso fühlte sich eine selbstverordnete Folter an.

Wieder saß Rena auf Louisas Couch und wieder warf sie Taschentücher auf den Wohnzimmertisch. »Es ist wie verhext. Alles geht schief.« Sie hielt Louisa den zerknitterten Brief hin. »Warum tut er das? Was habe ich ihm getan?«

»Ja, du Arme. Das Leben hat sich gegen dich verschworen. Erst verlässt dich Sebastian und jetzt kündigt dir dein Vermieter wegen Eigenbedarf die Wohnung. Es ist so ungerecht. Warte einen Augenblick. Ich komme gleich zurück.«

»Wo willst du hin?«

»Ich hole eine Dose Mitleid für dich aus dem Kühlschrank. Ich habe sie vor Tagen kühl gestellt, weil ich wusste, dass du sie irgendwann brauchen wirst.«

Renas Blick schien Louisa zu durchbohren.

»Stell` dir vor, wie gut es dir geht«, begann Louisa. »Endlich bist du Sebastian los und dazu deine Wohnung. Du bist in der glücklichen Lage, neu anzufangen. Suche dir deine Traumwohnung in einer Umgebung, die dir gut gefällt, mit netten Nachbarn. Vielleicht ist sogar dein Traummann unter den Mitbewohnern?«

Fast unmerklich zog Rena die Mundwinkel nach oben.

»Siehst du, dir gefällt die Vorstellung«, fiel Louisa sogleich ein. »Wie soll deine neue Wohnung sein? Was ist dir wichtig und vor allem, in welchem Stadtteil möchtest du wohnen?«

»Du stellst Fragen. Darüber habe ich mir bislang nie Gedanken gemacht. Ich suche irgendeine Wohnung, die ich mir leisten kann.«

»Täterätä! Dann beginnt heute Tag eins deines neuen Lebens! Male dir die neue Wohnung in allen Einzelheiten aus, wie du sie haben willst. Du wirst sie finden. Dabei unterstütze ich dich.«

Rena schüttelte den Kopf. »Wie kann man nur in allem ständig das Positive sehen? Du bist echt anstrengend. Weißt du das? Passiert dir nie irgendetwas, was dir nicht gefällt?«

»Doch, natürlich. Aber dem schenke ich nicht allzu viel Beachtung. Irgendeine Lektion lerne ich aus einer negativen Situation. Davon bin ich überzeugt.«

«Ach, Louisa. Mit deinem ›Rosarot-Gemüt‹ bist du einfach unverbesserlich.«

Louisa saß auf Renas Couch und blickte sich um. Auf dem

weißen Sideboard standen in der Mitte zwei pinkfarbene Vasen mit weißen Orchideenblüten. Rechts an der Seite befand sich eine weiße Laterne mit einer höheren pinkfarbenen Kerze darin. Die Bilder über dem Sideboard zeigten eine lachende Rena am Strand von Bali. Auf dem ebenfalls weißen Schreibtisch stapelten sich an einer Ecke Bücher, akkurat zu einem fragilen Turm errichtet. Auf Augenhöhe war auf der Wand in Italic Lettern zu lesen: *Love what you are doing or leave it!* Die weiße Ledercouch passte sich mit ihrer Farbe den anderen Einrichtungsgegenständen an. Die bunten Kissen auf ihr strahlten Lebendigkeit aus. Der aus Patchworkteilen gehäkelte Teppich komplettierte das Bild. Eine grüne Wand aus lebenden Pflanzen war der absolute Eyecatcher in dem Raum.

»Deine Wohnung könnte glatt in ›So wohnt die Prominenz‹ aufgenommen werden. Sie spiegelt eine weibliche Hand wider. Am besten gefällt mir der vertikale Wandgarten. So etwas habe ich noch nie gesehen. Und die Aussicht: Über die Dächer fällt der Blick direkt auf den See. Ich hatte dir zwar geraten, dir deine Traumwohnung vorher in allen Einzelheiten auszumalen, aber, dass dir das auf Anhieb so grandios gelingt, hätte ich nicht gedacht. Kompliment, super!«

»Du siehst, ich habe mir die Standpauke zu Herzen genommen. Außerdem lebt es sich mit einer positiven Einstellung wirklich leichter. Weißt du übrigens, dass ich in der Firma auf der Karriereleiter eine Sprosse höher gestiegen bin? Ich habe

12

nach der Pensionierung von der Brandnerin deren Stelle übernommen. Allerdings liegt das wahrscheinlich weniger an der
positiven Lebenseinstellung als vielmehr daran, dass ich mich
nach der Trennung von Sebastian in die Arbeit gestürzt habe.«

Louisa stand demonstrativ auf und verbeugte sich vor Rena.
»Muss ich dich ab jetzt siezen?«

Beide lachten.

Julian zappelte auf Renas Schoß hin und her, als er versuchte,
mit seinen kurzen Beinchen die Erde zu erreichen. Endlich
hatte er es geschafft und lief in den Sandkasten zu Maria.

Louisa folgte Renas Blick.

»Kannst du dich daran erinnern, als du heulend auf meiner
Couch saßest und dir die Augen wegen Sebastian ausgeweint
hast? Du meine Güte, was warst du böse, als ich dir sagte, dass
du dich freuen solltest, weil du frei warst. Nie hättest du zu dem
Zeitpunkt geglaubt, dass es nach ihm einen anderen Mann geben könnte.«

»Ja.« Rena verschluckte sich fast vor Lachen. »Und jetzt,
zirka zehn Jahre und gefühlte 1.000 Männer später, sitzen wir
beide auf einer Bank und schauen unseren Kindern auf dem
Spielplatz beim Sandkuchenbacken zu. Dabei ist die Situation
von damals genau umgekehrt. Du bist verlassen worden und
musst Maria alleine großziehen.«

«Was soll ich mit einem Mann, der mich betrügt? Dann lebe

ich lieber allein mit Maria. Zudem bin ich Anfang dreißig. Ich werde bestimmt nicht bis an mein Lebensende ohne Partner bleiben. Vielen Männern geht es ähnlich.«

Rena blickte Louisa von unten an. »Habe ich irgendetwas verpasst?«

✪ *Die Stress-Elstern*

Um Haaresbreite hätte sie mich erwischt! Jetzt tat sie ganz unschuldig und hockte mit ihrer Beute auf einem Zaunpfahl. Allein ihr Anblick machte mich wahnsinnig! Ich wusste, warum ihr bei den Germanen der Ruf des Unheilsboten vorauseilte. Im Mittelalter war sie sogar als Hexentier verschrien. Sie hatte mich als ihr Opfer ausgespäht. Ganz bestimmt!

Nicht nur ich ging am Strand spazieren und genoss das Spiel des Windes mit meinen Haaren, nahm gierig den Salzgeruch des Meeres auf. Andere Menschen taten es mir gleich. Die Stimmung war entspannt, geradezu leicht, bis zu dem Augenblick! Wenn mir jemand so eine Geschichte erzählt hätte, ich hätte sie nicht geglaubt. Von Möwen hatte ich gehört. Jetzt also auch die Elstern! Nie hätte ich gedacht, dass eine Elster ein Fischbrötchen stiehlt! Wahrscheinlich hatte es sich bei den Vögeln herumgesprochen, wie leicht sich auf die Art Beute machen ließ. Von einem Moment auf den anderen hatte sich mein Befinden geändert. Blutdruck: kurz vor der Explosion/Pulsschlag: bis zum Hals/Befinden: auf einer Skala von null bis zehn : bei 11. Dabei mochte ich Elstern bis zu dem Vorfall. Mit ihrem schwarzweißen Gefieder stachen sie aus den anderen Vogelarten hervor. Gern beobachtete ich die Elster in meinem Garten. Je nach Lichteinfall bildete sich auf dem Schwanz und den Flügeln ein metallisches Farbspiel. Es changierte von Blautönen bis zu unterschiedlichen Grünnuancen.

Natürlich hätte ich mir eine neue Fischsemmel kaufen können. Das war allerdings nicht dasselbe. Mein Vergnügen, entspannt am Strand entlang zu schlendern, hatte einen gehörigen Knacks bekommen. Mit Wut im Bauch und hungrig kehrte ich zu meiner Pensionswirtin zurück. Sie war im Ort aufgewachsen und als sogenannte Spökenkiekerin bekannt. Doch ich glaube, um meinen Gemütszustand zu erkennen, brauchte man nicht in die Zukunft schauen zu können. Der war offensichtlich.

»Tja, so is das nu mal«, meinte sie. »Die Vögel wollen auch leben. Die Menschen machen es ihnen leicht, zu Nahrung zu kommen.«

»Aber ... «, fing ich an. Gleichzeitig brach ich ab, denn ich ahnte, dass ich bei ihr nicht auf Verständnis für meine Lage hoffen durfte.

»Nun beruhig` dich mal, min Deern.«

Wir kannten uns nicht, abgesehen von den paar Tagen, die ich inzwischen bei ihr wohnte. Sie besaß die Angewohnheit, jeden zu duzen. Das Verhalten gefiel mir überhaupt nicht. Ich duzte nur Menschen, die ich zum einen länger kannte und zum anderen mochte.

Entschieden drückte sie mich auf einen Stuhl in ihrer Küche. Mit der rechten Hand griff sie nach hinten und stellte einen Teller mit Bratkartoffeln auf den Tisch. Bratkartoffeln und Fischsemmel lassen sich zwar nicht miteinander vergleichen, jedoch waren die Kartoffeln kross gebraten, wie ich sie liebte.

Und der Geruch stieg mir in die Nase, wobei mein Magen Freudensprünge vollführte. Während ich aß, setzte sie sich zu mir.

»Weißt du, ich muss dir mal eine Geschichte erzählen. Es war im Jahre 3025. Es gab viel mehr Menschen als jetzt. Jeder arbeitete nur drei Stunden am Tag, weil es niemand am Arbeitsplatz länger aushielt. Das, was wir heutzutage das ›Digitale Zeitalter‹ nennen, hatte sich rasant weiter entwickelt. In den drei Arbeitsstunden gab es keine einzige Pause. Alle Menschen hatten 24 Stunden am Tag erreichbar zu sein, nicht nur für den Chef, sondern ebenfalls für die Familie, die Freunde und Bekannten. Sofern sich jemand entspannen wollte, machte sich dessen Smartphone mit einem durchdringenden Piepen bemerkbar. Nun wirst du fragen, warum es überhaupt an war? Ganz einfach. Es ließ sich nicht ausschalten. Jeder Erdenbürger erhielt bei seiner Geburt ein Smartphone, das sich erst mit dessen Tod automatisch abschaltete. Nur während einer fünfstündigen Schlafpause, die jedem zugestanden wurde - vom Baby bis zum Greis - war der Ton deaktiviert. Du kannst dir vorstellen, wie die Menschen sich fühlten. Die meisten waren reine Nervenbündel. Der tägliche Stress war übermächtig. Sie sehnten sich nach Entspannung in der grünen Natur. Wälder und ebenso Parks in den Städten besaßen Seltenheitswert, denn aufgrund der Bevölkerungsdichte wurde jeder verfügbare Grund mit Hochhäusern bebaut. Sogar die Vögel zogen sich in die wenigen grünen Oasen zurück. In den Städten gab es daher kein Vogelgezwitscher mehr. Hier an dem Ort, wo wir uns gerade befinden, war ein Zufluchtsort für die Vögel und die Menschen. Am Strand wälzten sich Ströme Erholungssuchender entlang. Auf den wenigen Bäumen saßen Elstern. Sie waren die einzigen Vögel, die es an dem Küstenabschnitt gab. Interessiert beobachteten sie das Treiben am Strand. Manchmal spähte eine von ihnen einen Menschen aus, auf dessen Schulter sie sich stürzte. Der fiel sofort in einen tiefen Schlaf. Wenn derjenige erwachte, war sein Smartphone ausgeschaltet. Zugleich war er seinen Stress ein für alle Mal los. In unserer Zeit wird den Elstern nachgesagt, dass sie gern blinkende Gegenstände stehlen und in ihr Nest legen. 3025 stahlen sie den Menschen ihren Stress. Niemand wusste, wie sie das in Wirklichkeit machten. Vielleicht glitzerte er für sie? Ich weiß, dass du dich fragst, wie Stress glitzern kann. Nun, wir sind keine Vögel und können nur Vermutungen anstellen. Für die Menschen im Jahr 3025 war es die einzige Möglichkeit, abgesehen vom eigenen Tod, den Stress loszuwerden. Sie warteten förmlich darauf, dass die Vögel sich auf sie stürzten. Aus unserer heutigen Sicht ist das eine befremdliche Vorstellung. Vor diesem Hintergrund wurden die Vögel zu der Zeit als Boten der Götter und als Glücksbringer verehrt.«

✩ *Liebe ist ein unzuverlässiger Begleiter*

Wer an Paris denkt, verbindet die Stadt mit der Liebe. Für mich ist sie die Stadt der Tränen. Oder gab es eine Zeit, in der alles anders war? Früher vielleicht, als ich mich mitten in das Leben stürzte und in gleicher Weise in die Liebe? Paris en larmes! - Paris unter Tränen! Damals, weil ich vor lauter Tränen nichts mehr sah. Die Erinnerung an eine verlorene Liebe stimmt mich noch immer traurig. In jeder Liebe liegt ein großes Potenzial für die Zukunft. Wenn sie sich nicht erfüllt, ist irgendwann irgendetwas passiert.

Heute gestehe ich, dass Paris für mich ebenfalls einmal die Stadt der Liebe war. Das verdanke ich Maurice.

Wie früher habe ich mich bereits mittenrein - in die Geschichte - gestürzt. Zurück auf Anfang.

»Du hast es noch nicht getan?«

Maresas Augen vergrößerten sich und ließen es nicht zu, dass ich den Blick abwandte.

»Das tut doch jeder!«

Gerade als ich mich schuldig fühlte, dass ich nicht ›jeder‹ war, vernahm ich ihre Worte:

»Außer dir, natürlich!«

Ich hütete mich davor, bei dem ›natürlich‹ nachzufragen, obwohl es mich interessierte.

»Jeder ist doch auf irgendeiner Dating-Plattform angemeldet.

Schon, um das auszuprobieren.«

»Um was auszuprobieren?«, hörte ich eine Stimme aus weiter Ferne fragen.

»Meine Güte, du kommst wirklich vom Land!«

»Um zu sehen, wer dein Profil anklickt, sich für dich interessiert und im günstigsten Fall sich mit dir treffen will. Der Computer spielt Amor. Er vergleicht eure Charaktereigenschaften und wertet sie aus. Danach schlägt er dir einen passenden Partner vor und umgekehrt.«

Augenblicklich überlegte ich, ob er mir wohl Lukas vorgeschlagen hätte. Wenn es so wäre, hätte ich das Scheitern der Beziehung als Computerfehler abtun können. Andernfalls müsste ich mir eingestehen, dass ich mich bei der Wahl geirrt hatte.

»Ich gehe jetzt.«

»Später.«

»Wie später?«

»Du bleibst. Wir suchen die passende Plattform für dich. Anschließend legen wir dein Profil an.«

Maresa sagte es so entschieden, dass ich nicht zu widersprechen wagte und blieb.

»Bist du eigentlich irgendwo angemeldet?«

Sie lächelte vielsagend, ohne ein Wort zu sagen.

Auf der Suche nach dem richtigen Portal wurde mir schwindlig vor lauter Namen. Nie hätte ich gedacht, dass es so viele

Möglichkeiten gab, über das Netz einen Partner zu finden. Endlich hatte sich Maresa für ein Dating-Portal entschieden. Geschickt klickte sie hierhin und dorthin. Schon hörte ich sie murmeln: »Schwarzhaarig, braune Augen, 1,70 Meter groß, gutaussehend, liebt Kochen, Fallschirmspringen, Reisen, Tanzen.« Meine Gedanken schweiften ab. Die Kombination Kochen und Fallschirmspringen fand ich gewagt. Was ist, wenn der andere es missversteht und glaubt, nach dem Genuss meiner Kochkünste bliebe aus Verzweiflung nur ein Fallschirmsprung übrig? Meine Gedankenreise war noch nicht zu Ende, als ich ihren Kommentar vernahm:

»Wir brauchen ein Foto von dir.«

Sofort wehrte ich ab: »Aber nicht mehr heute. Mir reicht es jetzt.«

Zu spät. Der Protest ging in einem Klicken unter. Das Geräusch war mir von meinem Smartphone her bestens vertraut. So viel zur Beschreibung ›gutaussehend‹.

»Wie soll er denn sein? Erzähl´!«

»Pfff. Du stellst Fragen. Darüber habe ich mir nie Gedanken gemacht.«

»Tu` es jetzt!«

»Größer sollte er sein . . .«

»Also 1,85 m. Okay, weiter. Die Haarfarbe?«

»Dunkelhaarig oder blond?«, überlegte ich scheinbar laut. Daraufhin hörte ich Maresa sagen:

»Also dunkelhaarig.«

»Habe ich das gesagt?«

»Gut, dann blond!«

»Das habe ich ebenfalls nicht gesagt!»

»Das hast du wohl!«

»Meine Güte, du machst mich völlig fertig. Wie soll ich denn wissen, wie er aussieht? Er steht eines Tages vor mir mit entweder dunklem oder blondem Haar.«

»Oder mit rotem«, fügte Maresa grinsend hinzu.

»Also rotes Haar ganz bestimmt nicht!«

»Auf die Art hat dein Traumprinz keine Chance dich zu finden, wenn du von ihm keine Vorstellung hast.«

»Hab` ich wohl!«

»Papperlapapp!«

In Gedanken war ich bei Lukas. Wie war er? Seine Eigenschaften sollte der Nachfolger auf keinen Fall haben! Das war bereits schiefgegangen! Also nicht groß? Doch, die Größe ist wichtig. Wenn er größer war, konnte ich mich an ihn anlehnen. Von jeher faszinierten mich Männer mit braunen Augen. Es lag wahrscheinlich daran, dass mein Vater die gleiche Augenfarbe besaß. Menschen mit braunen Augen trugen in meiner Welt meistens dunkle Haare. Demzufolge würde er ebenfalls dunkles Haar haben. Da ich Studentin war, wäre es wunderbar, wenn er sein Studium abgeschlossen hätte. Ich liebe Kochen, deshalb sollte er zumindest gern essen oder selbst kochen. Das Reisen nahm einen wichtigen Platz in meinem Leben ein. In den Semesterferien ging ich auf Entdeckungstour. Es müsste super sein, Orte auf der Welt mit ihm gemeinsam zu erforschen und sich darüber auszutauschen. Und liebe Augen sollte er haben. In Summe überwogen andere Eigenschaften als damals bei Lukas. Aus dem Grund könnte die Liebe eine Chance haben. Folgsam tippte Maresa die Wunscheigenschaften meines Traumpartners in den Computer.

»Liebe Augen. Was soll das denn bedeuten? Ich kann unmöglich ›liebe Augen‹ eingeben. Was meinst du damit?»

»Liebe Augen sind liebe Augen. Dann lass` es eben weg!«

Obwohl sich die Eigenschaften zwischen Lukas und dem potentiellen Nachfolger unterschieden, glaubte ich insgeheim nicht, dass das Unterfangen von Erfolg gekrönt war. Ich betrachtete es als Spiel und ließ Maresa ihren Spaß, den sie offensichtlich hatte.

»Wie willst du heißen?«

»Was soll die blöde Frage? Du kennst ja wohl meinen Namen!«

»Natürlich! Manchmal stellst du dich echt an. Du willst doch nicht mit deinem richtigen Namen auf der Plattform erscheinen?«

»Warum nicht? Mir gefällt Julia ganz gut!«

»Ach, du Naivchen! Niemand gibt seinen wahren Namen preis.«

»Du willst damit sagen, wenn ich einen Stefan kennenlerne, heißt er in Wirklichkeit vielleicht Detlef?«

»Genau!« Sie kicherte hinter vorgehaltener Hand.

»Bevor ihr euch trefft, könnt ihr das Geheimnis ja lüften.«

»Mir gefiel die Vorstellung nicht, mich für jemand anderen auszugeben. Allerdings war ich nicht ›jeder‹, wie Maresa am Anfang festgestellt hatte. Anscheinend hatten die anderen damit kein Problem. So fügte ich mich.«

»Wie willst du heißen?«

»Das ist mir egal!«

»Na gut, Vanessa!«

»Vanessa! Innerlich bäumte sich mein Körper auf. Wie hatte ich sagen können, dass mir der Name egal war?«

»Und . . . Action!«

Zufrieden lehnte sich Maresa auf dem Stuhl zurück.

»Jetzt bin ich auf die Anfragen gespannt.«

Ich war es nicht. Beruflich und privat hatte ich eine Menge um die Ohren, so dass ich mit der Sache keine Zeit vertun wollte.

»Du hast bislang nicht auf dein Profil geschaut?«, entfuhr es Maresa, als wir uns wieder trafen.

»Wir haben es bereits vor vier Wochen angelegt. Die Reaktionen interessieren dich nicht?«

Ich zuckte mit den Schultern.

Sie pfiff durch die Zähne.

»Meine Güte, bist du von gestern!«

Eine ähnliche Bemerkung, die mir nicht gefiel, hatte sie bereits vor geraumer Zeit gemacht. Aus dem Grund willigte ich ein, mit ihr auf mein Profil zu schauen.

»Wow, fünf Anfragen! Super!«

»Na, überschlagen tun die sich gerade nicht!«

Enttäuscht schaute ich näher hin.

»Ein Anfang ist gemacht. Sogar ein Franzose ist darunter!«

»Ein Franzose?« Ich horchte auf.

»Maurice.«

»Maurice gefällt mir. Der ist bestimmt kein Detlef.«

Detlef ist mein Anti-Name. Ich kannte früher einen. Der war strohdumm und wollte unbedingt etwas mit mir anfangen. Maurice klingt gut und Frankreich ist schön weit weg.

»Lass` uns deinen möglichen Partnern gleich schreiben.«

Sie schaute mir erwartungsvoll in die Augen.

»Sei nicht böse, aber das möchte ich lieber allein machen. Du verstehst, wenn ich jetzt gehe?«

Maresa nickte.

Zuhause setzte ich mich an den Computer und klickte auf mein Profil. Mein Herz klopfte, als ich die Nachrichten der möglichen Partner las. Am stärksten klopfte es bei Maurice. Sein Haar war dunkel. Er hatte braune Augen, ganz wie gewünscht. Dazu waren sie lieb, genauso wie in meiner Vorstellung. Was an ihnen lieb war, konnte ich nicht beschreiben. Sie waren es einfach! Ich entschied, ihm zu antworten. Von da an schrieben wir uns regelmäßig. Nach drei Monaten lud er mich zu sich nach Paris ein. Daran gedacht, mich mit ihm zu treffen, hatte ich schon selbst. Allerdings hätte ich nie gewagt, ihm den Vorschlag zu machen. Dabei verstanden wir uns in den Postings recht gut.

»Du fährst wirklich zu ihm nach Paris?«

Maresa konnte die Neuigkeit kaum fassen. »So viel Entschlusskraft hätte ich dir gar nicht zugetraut!«

»Na ja. Ich habe vorsichtshalber ein Hotel gebucht. Größere Abhängigkeit kann ich schlecht ertragen. Vielleicht mögen wir uns am Ende nicht.»

»Du Schäfchen! Und morgen geht es los?«

»Ja.« Verlegen trat ich von einem Bein aufs andere.

Die automatischen Türen am Flughafen öffneten sich. Ich atmete tief ein. Pariser Luft! Sie schien mir anders zu sein als die zuhause auf dem Land. Weltmännisch, geradewegs so, als ob alles möglich wäre! Mit Maurice würde ich mich erst am Nachmittag treffen. Nach den eineinhalb Stunden Flug wollte ich im Hotel relaxen und mich innerlich auf unsere Begegnung vorbereiten. Endlich in Paris! Ich, die Landpomeranze! Als kleines Mädchen hätte ich mir nie träumen lassen, dass ich einmal in der Weltstadt sein würde.

Ich sah ihn sofort von weitem. Er wirkte klein und verloren unter dem Wahrzeichen der Stadt. Die Sonne meinte es heute besonders gut, so dass die Verstrebungen im gleißenden Sonnenlicht silbern leuchteten. Als er mich erblickte, lief er auf mich zu. Wir fielen uns in die Arme wie alte Freunde.

»Ma Petite!«

Er drückte mich an sich. Ich nahm seinen Duft wahr.

Danach machten wir uns auf, den Eiffelturm zu besichtigen. Als wir anstanden, legte ich den Kopf in den Nacken und blickte nach oben in die vielen Verstrebungen. Sie wirkten leicht, grazil und zugleich wie ein Bollwerk. Vom Starren nach oben wurde mir schwindelig. Seine Arme fingen mich auf. Der Blick über Paris war spektakulär. Nie hatte ich etwas Ähnliches gesehen. Maurice war in seinem Element. Er erklärte mir die zahlreichen Sehenswürdigkeiten. Ich bekam nur einen Teil mit. Das lag zum einen an meinem Seelenzustand und zum anderen daran, dass mein Schulfranzösisch nicht ausreichte, um alles zu verstehen. Zudem sprach er sehr schnell.

Am Abend, sowie an den anderen Tagen, fuhr er nicht nach Hause, sondern blieb bei mir im Hotel. Ich lernte seine Schwester Mireille und seinen Bruder Marcel kennen. Marcel war im Teenageralter. Ihn interessierte sein Smartphone mehr als die neue Freundin seines Bruders. Mireille war zwei Jahre älter als ich. Sie hatte in der Schule Deutsch gelernt. Im Gespräch mit mir nahm sie jede Gelegenheit wahr, ihre Kenntnisse zu verbessern. Maurice sprach ausschließlich Französisch mit mir. Wenn ich eine Vokabel nicht wusste und sie auch nicht umschreiben konnte, was oft vorkam, half er mir nicht. Er sagte zu mir:

»So lernst du am besten, ma Petite.«

Ich war seine Kleine, denn er war größer als ich. Dass er mit mir nicht ab und zu Deutsch sprach, obwohl er es konnte, wie ich von seiner Schwester erfuhr und mir in Vokabelnöten nicht half, störte mich. Trotz allem genoss ich die Tage. Mit einer Ente in quietschgelb fuhren wir die Champs-Élysées entlang. Richtig stilvoll. In meinen kühnsten Träumen hätte ich es mir nicht grandioser ausmalen können.

»Wo hast du die her?« Vor Erstaunen riss ich den Mund weit auf.

»Sie gehört den Eltern eines Freundes. Je t`aime, ma Petite. Er küsste mich.«

Auf der Fahrt mit dem offenen Verdeck, einem Mann an meiner Seite, der mich liebte und mit dem Blick auf den l`Arc de Triomphe fühlte ich mich in ein anderes Jahrhundert versetzt. Huldvoll sah ich mich in Gedanken meinem Volk zuwinken, das unter den Bäumen links und rechts neben der Allee stand. Seine Frage ›Willst du eigentlich heiraten und Kinder haben?‹ riss mich in die Wirklichkeit zurück.

»Irgendwann. Zurzeit möchte ich das Leben genießen. Später ist dafür Zeit genug!«

Aus den Augenwinkeln bemerkte ich, dass Maurice den Kopf wiegte und ernster dreinblickte. Er sagte jedoch kein Wort. Beim Aussteigen rief er mir zu:

»Attention!« Verständnislos blickte ich zunächst in sein Gesicht, als mir langsam dämmerte, was er meinte: Ich hatte die Wagentür in der Hand! Von da an band er die Tür mit einem Draht irgendwo innen fest. Ich stieg fortan über die Fahrerseite ein und aus. Insgeheim fragte ich mich, ob das in Deutschland ebenfalls möglich wäre oder, ob der TÜV dem Spaß ein Ende bereiten würde. Aber ich war in Frankreich! Was interessierte es mich!

Hand in Hand stand ich mit ihm zusammen am Fuß der riesigen Treppe und blickte hinauf. Voller Ehrfurcht ging ein Schauer durch meinen Körper. Das Weiß vor dem blauen Himmel ließ mich kurz die Augen schließen. Sacré-Cœur! Genauso hatte ich sie auf Bildern gesehen. Der Aufstieg über die Treppen war mühevoll. Er lohnte sich, denn wieder lag mir Paris zu Füßen. Und wieder erklärte mir Maurice, was ich sah und was wir gemeinsam bereits besichtigt hatten. In ein kleines Café am Montmartre kehrten wir ein. Der Kellner hieß in Frankreich Garçon. Das hatte ich inzwischen gelernt. Zu meiner Schulzeit bedeutete die Vokabel nur ›Junge‹. Eine Speisekarte zu entziffern, kam für mich absolutem Stress gleich. Ich lächelte dem Garçon zu. Der lächelte zurück. Maurice lächelte nicht. Dafür half er mir bei der Bestellung. »Nur, damit du dir keine Schuhsohle bestellst.« Grinsend buchstabierte er mir die Vokabel für ›Schuhsohle‹ auf Französisch. Ich lächelte gequält. Umso lieber beobachtete ich die Maler um uns herum. Einige waren richtige Künstler. Das Bild, das sie von den Touristen malten, sah denen täuschend ähnlich.

»So eins hätte ich gern von dir als Erinnerung an Paris.«

»Muss das sein?«

»Ja.« Während unserer gemeinsamen Zeit hatte ich bemerkt, dass er nicht gerne still saß. Mir zuliebe ließ er sich darauf ein. Da das ›Sich-Malen-Lassen‹ ihm nicht wirklich behagte, fiel sein Gesichtsausdruck mürrisch aus. Und wie erwähnt, war der Maler ein wirklicher Künstler. Der Aufenthalt in Paris neigte sich langsam dem Ende zu. Ich hatte den Eindruck, dass Maurice von Tag zu Tag stiller und zurückhaltender wurde. Das Verhalten schob ich auf den nahenden Abschied. Die Tage in Paris waren nur so dahingeflogen. Ein Tag konnte hier unmöglich 24 Stunden umfassen. Die 12 Stunden des Tages und die der Nacht trennte lediglich ein Wimpernschlag. Am letzten Abend wollte ich mich in die Arme von Maurice kuscheln. Er wand sich aus der Umarmung heraus.

»Je te quitte«, vernahm ich. Das musste an meinem schlechten Schulfranzösisch liegen. Sicherlich hatte ich mich verhört.

»Du verlässt mich? Warum? Vor ein paar Tagen hast du mir gesagt, dass du mich liebst!«

Er zog die Schultern hoch und senkte den Kopf. Mit den Füßen schob er den Kies des Weges zur Seite. »Ich muss gehen.«

Ich verstand die Welt nicht mehr, ihn nicht mehr, mich nicht mehr. Was war mir entgangen?

Die automatischen Türen am Flughafen öffneten sich. Je pleure. Die Tränen bildeten einen undurchdringlichen Schleier vor meinem Gesicht. Von ›Je t`aime‹ bis ›Je te quitte‹ hatte ich alles erlebt. Paris! Eine kurze Zeitspanne vom Sonnenaufgang bis zum Sonnenuntergang wob die Spinne ihren Faden von der Liebe bis zum Liebesleid.

.

✰ *Bunter Feenstaub ist der Zuckerguss für Ziele*

Das Wort hallte im Raum nach, während ich den Kopf neigte und ein paar Schritte nach vorn machte.

Mich schmerzte das grelle Licht, das mich traf, in den Augen. Hinter mir lag Dunkelheit. Am liebsten hätte ich eine Sonnenbrille getragen. Zu der Finsternis gesellte sich Stille; eine, die meine Muskeln zum Zerreißen anspannte. Blinzelnd schaute ich in die Gesichter vor mir. Eine große Anzahl hielt die Augen geschlossen. Schliefen sie? Es war zu Ende! Plötzlich kam Bewegung in die Menge, Beifall brauste auf. Menschen erhoben sich von ihren Plätzen. Obwohl ich die ganze Zeit auf eine Reaktion gewartet hatte, schrak ich zusammen. Dann fiel die Anspannung von mir ab. Ich war in der Lage zu lächeln. Mit erhobenem Kopf blickte ich auf das Publikum vor mir.

Da war es wieder, dieses Geräusch! Ich hasste es jeden Morgen aufs Neue. Schrill, unüberhörbar drang es in die Welt meines Schlafes. Orientierungslos öffnete ich die Augen. Nicht aufstehen, liegen bleiben, fünf Minuten nur, höchstens zehn! Draußen ein grauer Himmel. Mühsam kämpfte ich mich aus dem Bett. Zuspätkommen wollte ich gerade heute nicht. Das war der einzige Gedanke, den ich fassen konnte.

»Toll, nur bis Mittag arbeiten. Am liebsten hätte ich heute frei genommen. Wegen der Urlaubssperre ging das nicht. Die drei Stunden gehen auch vorbei.«

Tanja schaute mich an.

»Was machst du heute Abend? Toni und ich feiern mit Freunden auf einer Hütte. Dort machen wir unsere Zielcollage für das neue Jahr, was immer sehr lustig ist. Stell` dir vor, letztes Jahr hatte Moritz auf seiner Collage stehen: ›Ich reise in die Karibik.‹ Zumindest ist er bis zur Nordsee gekommen.«

Sie kicherte.

»Ich bin mit Freunden zusammen.«

Dass das nicht stimmte, wusste nur ich. Und von Zielcollagen, von denen die meisten Ziele sowieso im neuen Jahr nicht erreicht wurden, hatte ich die Nase voll. Dennoch behielt ich meine Meinung lieber für mich.

Nun saß ich zu Hause mit einem Glas Wein als Gesellschaft. War die Entscheidung richtig, mutterseelenallein ins neue Jahr zu feiern? Auf einmal war ich mir nicht mehr sicher. Andererseits, wer seine eigene Gesellschaft aushält, schafft alles! Stille zu ertragen, ist schwerer als gedacht. Bewusst schaltete ich nicht den Fernseher ein, sondern griff zu einem Krimi, den ich vor Monaten gekauft hatte. Meine Konzentration ließ allerdings zu wünschen übrig. Um Mitternacht stieß ich mit einem Glas Sekt mit mir selbst an und wünschte mir laut: ›Ein erfolgreiches, neues Jahr und Gesundheit!‹ Ein unbekanntes und somit merkwürdiges Gefühl. Danach ging ich auf die Terrasse. Der Himmel war klar. Das Spektakel an ihm zog mich in seinen Bann. Bereits als kleines Mädchen liebte ich das Feuerwerk aus

Farben und Formen. Selbst eine Rakete abgefeuert, hatte ich jedoch nie. Dafür besaß ich einen ungeheuren Respekt vor der Sprengkraft. Mein Umfeld nannte es Angst. Als Kind gab es diese Knallfrösche, die mich in jeder Ecke fanden, in die ich mich verkrochen hatte. Wieder blickte ich in den Himmel. Eine Rakete zerfiel in goldene, rote, blaue und grüne Ministerne, die als Feenstaub dem Zauberstab einer guten Fee entstiegen sein könnten. In meiner Fantasie legte sich der Feenstaub als Zuckerguss auf meine Ziele und Wünsche für das neue Jahr. Wenn mit dem Silvesterfeuerwerk die bösen Geister vertrieben werden sollten, welche wollte ich aus meinem Leben vertreiben? Ich sah zum Wohnzimmertisch. Dort stand ein Topf mit Glücksklee, in dem ein Schornsteinfeger steckte. Tief in meinem Innern kannte ich die Antwort.

›… teilen wir Ihnen mit, dass wir Ihren Roman leider nicht in unser Programm aufnehmen können. Für den weiteren Weg wünschen wir Ihnen alles Gute.‹ ›Können‹ könntet ihr schon, nur wollen tut ihr nicht, entfuhr es mir! Es war nicht der erste Brief dieser Art, den ich erhalten hatte; zusätzlich zu den zahlreichen Emails gleichen Inhalts. Wie viel Zeit hatte ich darauf verwandt, den passenden Verlag zu finden? Die unzähligen Exposés, die ich eigenhändig zur Post gebracht hatte … Die Angestellte lästerte über das Porto, das ich zahlen musste. Sie meinte ein Abo - wenn es denn eins gäbe - wäre günstiger.

Vor einigen Monaten hatte ich einen Roman geschrieben.

Seine Veröffentlichung bei einem renommierten Verlag war mein größtes Ziel für das neue Jahr. Ich würde es schaffen, nein, ich schaffe es! Positiv, in der Gegenwart formulieren, korrigierte ich mich. Der Satz wurde zu meinem Mantra, das ich mir täglich vorsagte. Die Arbeit lenkte mich ab. Meistens.

»Wie geht es deinem Buch? Ich habe lange von dir darüber nichts gehört«, fragte mich Amelie.

»Ich bin nach wie vor auf Verlagssuche. Das dauert eben.«

»Mach` dir nichts draus. Die haben bei den Verlagen immer ihre berühmten Autoren. Die gehen natürlich vor. Das hat nichts mit deiner Person oder deinem Schreibstil zu tun. Es gibt eben schon so viele Autoren. Dein Thema ist ja nun auch nicht gerade neu.«

Im Grunde wusste ich, dass Amelie mich mit ihrer Aussage trösten wollte. Trotzdem fühlte ich einen kleinen Stich in der Herzgegend. Wenn ich noch einmal die Gelegenheit hätte, würde ich meinem Umfeld erst nach erfolgreicher Veröffentli-chung vom Roman erzählen. Kommentare wie ›Was, du willst schreiben?/…Glaubst du, die haben auf dich gewartet?/… Zu dem Thema ist doch schon alles geschrieben‹ brauchte ich nicht wirklich. Um die Aussagen innerlich abzuschmettern, bedurfte es ein Übermaß an Selbstbewusstsein. Fuck me! Auf Englisch klang es eleganter. Still wiederholte ich mein Mantra. In den folgenden Monaten hörte ich auf, die ablehnenden Briefe und Emails zu zählen. Zwischenzeitlich machte ich Bekanntschaft mit Verlagen, die Autoren suchten und letztendlich nur mein Geld wollten. Ähnlich erging es mir mit Briefen, in denen der Roman als erfolgversprechend eingestuft wurde, wozu allerdings vorab eine Überarbeitung bei einem Schreibcoach notwendig wurde. Trotz all der Erfahrungen glaubte ich weiterhin fest an mein Ziel.

Den Cursor auf der eingegangenen Email hielt ich bereits auf ›löschen‹ Eine Antwort nach 12 Wochen! Einem plötzlichen Impuls folgend, öffnete ich sie: ›Freuen wir uns, Sie als Autorin in unser Verlagsprogramm aufzunehmen‹, las ich.

✰ *Wahrheit – gefangen im Halbdunkel*

In den kleinen Raum brach die Dämmerung. Er hockte mit seiner Arbeit auf der Bank am Fenster, um besser sehen zu können. Das Gesicht befand sich im Halbdunkel, nur die Konturen ließen sich erahnen. Es hätte das Bild eines Malers sein können, lässig auf die Leinwand geworfen. Die anderen saßen mit ihrer Arbeit auf dem Tisch zwischen Nadeln, Scheren und Schnüren. Sorgsam darauf bedacht, die kostbaren Stoffe nicht zu beschädigen. Das schwere Bügeleisen stand auf dem Ofen, der einen Hauch Wärme in die Kammer abgab. Noch bevor er sie sah, hörte er die Pferde. Es klang wie Donnergrollen im Schein der untergehenden Sonne.

Die Tür schlug krachend gegen die Wand. Im Gegensatz zu Wenzels morgendlichem Eintreten vergaß sie ihr Quietschen. Sogleich erschienen fünf Männer. In dem kleinen Raum standen sie dicht aneinander gedrängt. Sie blickten sich um und wandten sich an ihn, der gleichzeitig den Kopf auf die Brust sinken ließ.

»Meister Marten, der König wünscht ein Gewand von Euch zu seinem Geburtstag aus Brokat und Seide, mit feinen Goldfäden durchwebt und in bunten Farben. Am Fünfzehnten des Monats bringt Ihr es in den Palast.«

»Aber ich …«

»Schweigt! Ihr wisst, dass es eine große Ehre für Euch ist.«

Aus den Augenwinkeln bemerkte Wenzel, dass Lorentz die Arbeit aus den Händen glitt und auf den Boden fiel.

»Das kommt mir nicht wieder vor«, brüllte der Wortführer. Danach drehte er sich zur Tür. Alle Männer folgten ihm nach draußen. So schnell wie sie kamen, verschwanden sie.

In Wenzels Kopf tanzten die Gedanken Ringelreihen. Keiner wollte sich fangen lassen. Endlich glitt er von der Bank. Er legte die Arbeit vorsichtig auf dem großen Tisch nieder. Inzwischen waren die anderen ebenfalls vom Tisch heruntergeklettert und stellten sich um ihn herum: Lorentz, der Jüngste, sowie Caspar und Mathes.

»Was sollen wir nur tun?«, jammerte Lorentz.

»Was schlägst du vor?«, fielen auch die anderen ein.

Drei Augenpaare richteten sich auf ihn. Alle wussten, wer die Männer waren. Es handelte sich um die Gesandten des Königs. Jeder im Königreich erkannte sie an ihrer blauen Uniform. Der König war beliebt. Er war weit über die Grenzen des Landes für seine Gerechtigkeit bekannt. Jedes Jahr zu seinem Geburtstag zeigte er sich dem Volk in einem prächtigen Gewand vor dem Palast. Den erwachsenen Männern, die sich auf dem großen Platz davor einfanden, spendierte er einen Humpen Bier. Schon von klein an ließ sich Wenzel das Schauspiel nicht entgehen. Es war offensichtlich, dass die Männer ihn mit dem Meister verwechselt hatten. Sie kannten seinen Herrn nicht persönlich. Bei dem schlechten Licht fiel ihnen sein jugendliches Alter nicht auf.

»Ihr habt gehört, dass ich sagen wollte, dass ich nicht der Meister bin. Aber die haben mich gar nicht zu Wort kommen lassen.«

Stumm nickten die anderen. Sie waren allesamt Lehrlinge von Meister Marten. Niemand von ihnen hatte bislang ein Stück ohne seine Hilfe gefertigt.

»Wir müssen es tun. Ihr wisst, dass Meister Marten bis zum Fünfzehnten des Monats nicht zurück ist.«

Mehrmals im Jahr brach dieser zu einer längeren Reise auf, um die Stoffe zu kaufen, die er für seine Auftraggeber benötigte. Er reiste weit im Land umher und suchte die prächtigsten aus. Danach nähte er sie mit besonderer Sorgfalt.

Wenzel überlegte. Sie besaßen kein Lager, aus dem er aussuchen könnte, was er brauchte. Vor kurzem jedoch erhielt der Meister einen Auftrag für ein Gewand. Der Stoff lag bereits in der Kammer. Aufgrund seiner Reise war Meister Marten nicht dazu gekommen, mit der Arbeit zu beginnen. Das Tuch war so prächtig und farbenfroh, dass es durchaus eines Königs würdig war.

»Mathes, räum` den Tisch frei und du, Caspar, hol` alles her und leg` es auf den Tisch.«

Trotz des kargen Lichtes glänzte der Stoff.

»Lasst uns schlafen gehen.«

Das Sonnenlicht ließ das Gewebe in allen Regenbogenfarben

schimmern. Fast ehrfürchtig standen sie davor. In der einen Hand hielt Wenzel Nadeln mit Fäden aus Seide und in der anderen mehrere Schnüre. Er blickte auf die Hand mit den Schnüren.

»Wir haben die Maße vom König nicht. Caspar, komm` her. Ich werde das Gewand an dir abmessen und gebe mehr Stoff hinzu.«

Als Wenzel zur Schere griff, rief Mathes aufgeregt: »Aber wir dürfen den Stoff nicht zuschneiden. Das Recht steht nur dem Meister zu!«

»Das weiß ich. Wir haben keine Wahl.«

In den nächsten Tagen waren alle mit dem Fertigen des Gewands beschäftigt. Pünktlich am Fünfzehnten des Monats machte sich Wenzel mit dem Paket auf den Weg zum Palast.

»Warte Er hier, der König wird es gleich anprobieren.«

Nach einer Weile führte ein Diener Wenzel zum König. Die Ärmel reichten ihm nicht einmal bis zu den Handgelenken. Das Gewand selbst endete eine Handbreit unter der Hüfte. Die Schultern waren so schmal geschnitten, dass der König sie hochgezogen hatte. Mit der linken Hand war er dabei, die Knöpfe zu schließen. Einer rollte direkt vor Wenzels Füße. Das Gewand schillerte und glänzte in den prächtigsten Farben.

«Was habt Ihr Euch dabei gedacht? Wollt Ihr mich der Lächerlichkeit preisgeben? Ihr seid für Euer sorgfältiges Arbeiten bekannt. Ich sollte Euch auspeitschen lassen, mich so zu demütigen!«

Wenzels Kinn sank auf die Brust. Ohne den König anzusehen, sagte er: »Das Gewand hat nicht Meister Marten gefertigt.«

»Wer dann?«

»Wir.«

»Wer ist wir? Lasst Euch nicht jedes Wort aus der Nase ziehen!«

»Wir. Die Lehrlinge von Meister Marten. Der Meister ist seit Wochen verreist. Als Eure Männer da waren, wollte ich den Irrtum aufklären und sagen, dass ich nicht der Meister bin. Die haben mich gar nicht zu Wort kommen lassen.«

☆ *Vom ersten Blick zu mehr*

Zu mitternächtlicher Stunde stieg eine Frau die Treppe hinab, ein Mann mit Koffer an ihrer Seite. Sie waren nicht auf den Weg in den Urlaub, wie der Anblick vermuten ließ. Ihr Ziel war das Krankenhaus in Rosenberg. Obwohl der Name der Stadt keine Rolle spielte, denn das Ereignis könnte ebenso gut in einer anderen Stadt stattgefunden haben. Der Grund für die nächtliche Fahrt war einfach: Meine Ankunft!

Aus dem gleißenden Licht trat eine in Weiß gekleidete Frau mit einer ebenso weißen Haube zu mir, beugte sich über mich und sagte:

»Ein kleines Mädchen, gesund, sieben Pfund schwer und bereits mit dichtem schwarzen Haar. Wie süß es ausschaut. Ich gratuliere Ihnen.«

Von dem Licht geblendet, schloss ich zunächst die Augen, um mich gleich darauf blinzelnd umzuschauen. Der Blick fiel auf mein Gegenüber. Was ich sah, sagte mir zu. Ich verliebte mich auf Anhieb: In ein tief gebräuntes Gesicht mit kurz geschnittenen schwarzen Haaren und grünen Augen - in meinen Vater. Um ihm zu zeigen, dass ich ihn mochte, verzog ich den Mund und deutete ein Lächeln an. Die Finger meiner linken Hand hob ich zum Gruß leicht an.

Mein Vater betrachtete mich und meinte: »Mhm, ein Mädchen also, kein Stammhalter. Der Familienname wird mit meinem Tod aussterben.«

Für die Aussage ist es notwendig zu wissen, dass ich das erste Kind meiner Eltern war und damit der Hoffnungsträger für den Fortbestand einer langen Ahnenreihe. Meine Geburt reichte weit zurück in eine Zeit, in der die Frau mit ihrer Heirat den eigenen Familiennamen aufgeben und den des Ehemannes annehmen musste. Mein Vater hatte sozusagen einen Blick in die Zukunft getan. Zu dem Zeitpunkt wusste er nicht, dass die Befürchtungen unbegründet waren. Eine paar Jahre später erblickten meine Zwillingsbrüder das Licht der Welt. Bei so viel Ablehnung seitens meines Vaters schrie ich erst einmal aus Leibeskräften.

Meine Mutter, in deren Arm ich lag, spielte mit meinen Fingern und tätschelte mir die Hand. Zufall? Das weiß ich nicht mehr. Zumindest beruhigte mich die Geste. Das ist mir in Erinnerung geblieben.

Bald darauf schlief sie ein. Ich war mit meinem Vater allein. Seine Augen ruhten auf mir, doch er sagte kein Wort. Die Bemerkung vorhin hatte mich verletzt. Er machte keine Anstalten, sein Verhalten gut zu machen. Abermals verzog ich den Mund, dieses Mal stärker als zuvor. Zusätzlich setzte ich meine Stimme ein, die bereits kräftig war. Die weiße Gestalt eilte von Neuem auf mich zu. Mein Vater verließ eilig den Raum.

So war das damals bei meiner Geburt. Ganz unspektakulär. Ich weiß es, denn ich war dabei.

Im Laufe der Zeit freundeten mein Vater und ich uns an.

Genauer gesagt, er mit mir, denn bei mir war es, wie bereits erwähnt, von Anfang an Liebe auf den ersten Blick. Im Grunde hatte er keine andere Möglichkeit, als mich zu lieben. Er konnte mich schlecht zurückschicken. Wir bewegten uns im Zeitalter ohne Amazon und Co, wo es nicht möglich war, Waren bei Nichtgefallen zurück zu schicken. Zudem war ich glücklicherweise keine Ware, sondern ein kleines Mädchen.

Ich war ein sehr kreatives Kind. Davon waren meine Eltern weniger begeistert, denn dem Umstand verdankte ich einen großen Bekanntheitsgrad im Dorf. Die meiste Zeit spielte ich draußen in der freien Natur. Wie ein Junge kletterte ich mühelos auf die höchsten Bäume. In dem Punkt konnte mein Vater nicht klagen. Runter kam ich immer, oftmals jedoch dem Fallobst ähnlich. Der Dorfarzt grüßte unsere Familie stets wie alte Bekannte. Von klein auf begeisterten mich Blumen. Überall standen im Frühling und Sommer Vasen mit von mir selbst gepflückten Feldblumensträußen herum. Meine Mutter jammerte, dass sie keine Vasen mehr hätte. Machte nichts, denn die Blumen passten ebenso gut in mit Wasser gefüllte Trinkgläser. Ich entwickelte mich zu einer großen Naturliebhaberin. Neben Blumen liebte ich Tiere. Einen Hund oder eine Katze als Haustier erlaubten mir die Eltern nicht. Aus dem Grund entschied ich mich, meine Tierliebe auf eine andere Spezies zu lenken. Ich wählte Schnecken. Vor allem die dicken schwarzen, manchmal braunen Schnecken ohne Haus, die überall auf den

Wiesen in unserem Dorf zu finden waren. Zusammen mit ein paar grünen Blättern steckte ich sie in ein Einmachglas. Die Tiere sollten schließlich nicht verhungern. Leere Weckgläser waren bei uns im Keller reichlich zu finden. Eine Forscherin hat ihre Projekte zu beobachten. Daher stellte ich die Schnecken in der Küche auf das Fensterbrett. Wenn es voll war, wanderten sie von da auf den Küchentisch. Dort störten sie nicht, denn die Tiere konnten aus dem Glas nicht herausklettern. Meine Mutter teilte meine Tierliebe nicht. Unter meinem schärfsten Protest entsorgte sie die Schnecken in Nachbars Garten. Sogar mein Vater schaute skeptisch drein, wenn das Glas mit den schwarzen Bewohnern neben dem Körbchen mit den frischen Semmeln stand. Wie sollte ich eine Liebe zur Natur entwickeln, wenn meine Tierliebe derart missachtet wurde?

Basteln tat ich ebenfalls gern. ›Der Umgang mit der Schere trainiert die kindliche Feinmotorik‹, sagen Pädagogen. Die Tageszeitung meines Vaters faltete ich nach einem speziellen System und schnitt wundervolle Muster heraus. Nach der kunstvollen Entfaltung legte ich die auf die Weise verschönerte Tageszeitung als kleine Tischdecke auf den Wohnzimmertisch. Mein Vater lehnte die Begeisterung zur Schulung meiner Feinmotorik vehement ab. Dabei hatte ich ihm die wichtigen Seiten gelassen und extra nur den Sportteil genommen.

Abgesehen von solchen Kleinigkeiten verstanden sich mein Vater und ich uns von Tag zu Tag besser. Vor allem eine

Fähigkeit entwickelte ich im Zusammenleben mit ihm zur Perfektion, nämlich die, ihn um den Finger zu wickeln. Ich glaube, dass mir die lange trainierte Kunst im späteren Leben des Öfteren geholfen hat.

Wenn ich etwas erreichen wollte, war es ganz wichtig, bei meinem Vater den richtigen Moment zu erwischen. Keinesfalls durfte er müde sein. Der beste Zeitpunkt war Sonntagvormittag, wenn er gemütlich die Tageszeitung vom Wochenende las.

»Papiii?«

Wenn er aufblickte, war als kleines Mädchen für mich die Zeit gekommen, es mir auf seinen Knien bequem zu machen. In späteren Jahren fasste ich ihn liebevoll an der Schulter. Stufe zwei mit bereits mehr Nähe ging folgendermaßen:

»Papiii?«

Ein Blick aus meinen grünen Augen traf die seinen. Der Beweis, dass wir eindeutig Vater und Tochter waren. Zur Unterstützung kraulte mein Zeigefinger seine Wange. Als Highlight gab ich meiner Stimme einen weinerlichen Ton. Das war der Punkt, an dem er mir keinen Wunsch abschlagen konnte. Ein etwaiger Protest wurde mit einem weiteren intensiven Blick meinerseits quittiert und ließ mich als Sieger aus dem Gespräch hervorgehen.

›Siege in der Kindheit machen stark für das Leben‹, haben Psychologen herausgefunden.

✰ *Ein Gärtner allein im Wald - Gedicht*

Was macht ein Gärtner allein im Wald?
Er steht da auf einem Bein,
Ihm ist kalt.
Er ist noch nicht alt
Und doch ist ihm kalt.

Ein Gärtner allein im Wald
Schaut auf die Wiesen mit Miere, Lein und Fingerhut.
Da überkommt ihn die Wut.
Er denkt, halt!
Wo sind all die schönen Beete
Mit Pflanzen in Reih und Glied?
Das haben wir bald
Und pfeift ein Lied.

Ein Gärtner allein im Wald
Mit Sauzahn, Grubber und Spaten
Beginnt er seine Taten.
Bald beendet er sein Werk,
Denn er ist kein Zwerg.

Der Gärtner ging fort,
An einen anderen Ort.

Und wenn du siehst
Miere, Lein und Fingerhut
Im Wald
In Reih und Glied,
Dann sei gewiss,
Dann war *er* dort,
Und pfiff ein Lied.

✩ *Schlüssellochgeschichten*

Die Menschen bewegten sich langsam, sehr langsam.

Julia schleckte am Eis. Mit der Zunge umschlang sie eine Rosine und kaute darauf herum. Vom Eis liefen kleine Rinnsale die Waffel herab. Die cremige Masse erreichte ihren linken Zeigefinger. Sie blieb stehen und leckte ihn ab. Auf einem Tisch vor ihr lagen Puppen und Teddybären. Eine Frau, etwa in ihrem Alter, hatte einen Teddy auf dem Arm. Sie drehte ihn ein paar Mal und hielt ihn danach mit dem Gesicht zu sich.

»Kann ich den in der Waschmaschine waschen?«

Augenblicklich erstarb das Lächeln auf dem Gesicht des Verkäufers. »Der ist ungefähr 50 Jahre alt!«

»Eben! Wer weiß, mit wie vielen Keimen der in Berührung gekommen ist? Den kann ich meinem kleinen Sohn in dem Zustand nicht zumuten!« Mit spitzen Fingern legte sie ihn zurück.

Julia konnte sich ein Lächeln nicht verkneifen. Sie war auf der Suche nach einem Schrank: Am liebsten aus Mahagoni, mit zwei Türen und Schnitzereien durfte er besitzen. In ihrem Kopf formte sich das Bild, das sie von ihm hatte. Er passte perfekt zwischen das Fenster und die Couch in ihrem Wohnzimmer. Mit seinem dunklen Holz bildete er einen Kontrast zu der hellen Einrichtung und verband das Moderne mit dem Alten. Sie löste sich vom Verkaufsstand. Es machte ihr Spaß, von einem Verkäufer zum anderen zu schlendern.

An einem Tisch spielte die Sonne mit Bleikristallgläsern. Sie zauberte bunte Reflexe auf den Asphalt. Ein Hund jagte ihnen hinterher, gefolgt von seinem Frauchen, das er voll an der Leine hatte. Ein Komiker hätte die Szene nicht perfekter gestalten können.

»Ich will ein Eis!«

»Gleich, Elias, ich schaue hier gerade und habe eine Frage an den Mann.«

»Ich will aber jetzt ein Eis! Sofort!« Er zerrte an ihrer Hand.

»Du musst ein bisschen warten.«

Augenblicklich erhob sich ein Geschrei, das Julia durch Mark und Bein drang. Elias ließ die Hand seiner Mutter los und warf sich auf den Boden. Diese beugte sich über ihn: »Elias, hör` sofort damit auf und steh` auf. Die Leute schauen schon.« Das Gebrüll verstärkte sich.

»Bitte, sei lieb und komm` mit.« Der Angesprochene rollte sich auf dem Boden weiter weg. Kurz entschlossen hob sie ihn auf und entfernte sich mit dem strampelnden und protestierenden Bündel auf dem Arm, so schnell es ihr mit der Last möglich war.

Vom Restaurant wehte der Duft von gegrilltem Fleisch herüber. Jetzt oder später? Julia entschied sich für später und steuerte auf die Ausstellungshalle mit den Schränken zu. Drinnen erschien es ihr ohne das gleißende Sonnenlicht dämmerig. Ihre Augen suchten sich zu orientieren. Die Schränke waren nebeneinander in Reihen angeordnet. Das schien die einzige Ordnung zu sein, die ihr auffiel. Sie schritt eine Reihe nach der anderen entlang. Gerade wollte sie aufgeben. Da sah sie ihn: zweitürig, aus Mahagoni und die Türen hatten im unteren Bereich sogar eine Schnitzerei. Julia konnte ihr Glück kaum fassen. Sie öffnete die Türen.

»Da staunst du, mich hier zu finden«, sprach sie ein kleines Kerlchen an, das ihr von einem anderen Stand her vertraut vorkam. Der Teddy von dem Marktstand mit der Frau, die ihn wieder zurückgelegt hatte, war in dem Schrank?

»Mit dem triffst du eine gute Wahl«, hörte sie abermals seine Stimme. »Der ist bereits 50 Jahre alt, genau wie ich. Stell` dir vor, welche Geschichten er dir erzählen könnte, wenn er denn sprechen könnte. Kann er natürlich nicht. Dafür kann ich dir einiges erzählen. Ich habe viel erlebt im Laufe meines Lebens. An die ersten Ereignisse erinnere ich mich nicht. Oft war ich der Begleiter von Kindern. Am Anfang durfte ich mit ihnen zusammen im Bett schlafen. Sie nahmen mich überall hin mit und knuddelten mich ständig. Dazu erfuhr ich Dinge, die sie nur mir erzählten. Das war eine spannende Zeit. Wenn die Kinder älter wurden, war ich abgemeldet. Ich durfte höchstens noch auf ihrem Bett sitzen. Meistens landete ich irgendwo in einem Regal oder wurde in den Schrank abgeschoben. Aus dem Grund wurde ich zum Schlüsselloch - Beobachter. Apropos Schrank. Dazu fallen mir zwei Geschichten ein.« Der Teddy plapperte munter darauf los.

»In einer geht es um eine Liebesgeschichte und in der anderen geschieht gar ein Mord. Welche willst du hören?«

Julia - noch immer - sprachlos.

»Ja, wenn du dich nicht entscheiden kannst, tue ich das. Bislang warst du recht schweigsam. Vielleicht bin ich in der Lage, dich mit der Mordgeschichte aus der Reserve zu locken. Brauchst nicht zu erschrecken, denn es ist niemand gestorben, den du kennst. Wie ich bereits sagte, verschlug es mich manchmal in einen Schrank. So war es in der Geschichte ebenfalls. Das Schlüsselloch war sehr groß. Ich konnte alles genau beobachten. Nicht, dass du glaubst, ich sei neugierig, aber irgendwie musste ich mir die Zeit vertreiben. Es war Ende der Sechziger Jahre und Winter. Beides ist wichtig. Unter einer dicken Winterjacke lässt sich eine Tatwaffe wie eine Pistole oder ein Messer problemloser verstecken als unter Sommerkleidung. Dazu ist es für die Polizei ein Leichtes, Spuren im Schnee zu verfolgen. Die Frau, um die es geht, war Mitte dreißig, verheiratet, kinderlos und durfte nicht arbeiten. Ihr Mann war häufig auf Geschäftsreisen, so dass seine Frau oft allein war und sich langweilte. Sie hatte einen Liebhaber, der sie in Abwesenheit des Ehemannes besuchte. An dem besagten Wintertag war er wieder bei ihr. Sie waren gerade …«

»Kann ich Ihnen helfen?« Die Stimme des Verkäufers klang dunkel.

☆ Kermits Stimme

Vom Himmel fielen gelbe, weiße und pinkfarbene Punkte. Ich hob den Kopf. Schaute nach oben. Das gleißende Licht der Sonne ließ mich in einen silbernen Lichtkegel blicken. Er blendete mich, so dass ich die Augen schloss. Auf der Suche nach den Punkten wühlten sich die Finger tief in das Fell meines Kopfes. Hier und da wurden sie fündig und ließen die Beute zu Boden fallen. ›Läuse‹, dachte ich. Hinter den aufgestellten Ohren fanden sich besonders viele.

Seit Stunden war ich auf den Straßen unterwegs. Schlendernd überquerte ich den großen Platz, als ich plötzlich von hinten festgehalten wurde.

»Hallo, Kätzchen!«, hörte ich. »Bestimmt bist du auf der Suche nach deinem Kater.«

Ich hasste die Art der Anmache und festgehalten zu werden, hasste ich noch mehr. Mit der rechten Hand holte ich zum Schlag aus. Jedoch hatte ich nicht damit gerechnet, dass derjenige den Schwanz der Katze losließ. Der Schwung war so groß, dass ich unerwartet auf dem Allerwertesten landete. Verblüfft schaute ich auf ein Paar Plüschfüße in einem grässlichen Grünton. Sogar die Hosenbeine hatten die gleiche Farbe. Meinem Gesicht näherten sich grüne Ohren, nein Augen, wie der aufgeklebte weiße, schwarze und blaue Stoff vermuten ließ. Sie saßen nur in Ohrenhöhe.

»Hast du dir wehgetan?«, hörte ich eine dunkle Stimme fragen.

Der rote Mund zog sich quer über das grüne Gesicht. Mitten im Gesicht befanden sich Sehschlitze. Dort glaubte ich Augen zu erkennen, die für einen kurzen Moment aufblitzten.

»Soll ich dir helfen?«, vernahm ich erneut die Stimme.

»Nein, danke. Alles okay!« Gleichzeitig erhob ich mich. Als ich wieder auf den eigenen Füßen stand, dämmerte es mir, dass ich in dem Kostüm einen Frosch vor mir hatte. ›Kermit!‹, schoss es mir durch den Kopf.

»Magst du mit mir etwas trinken gehen?«

»Nein, absolut keine Lust!«

Mit den Worten ließ ich ihn stehen und entfernte mich. Im Grunde war mir klar, dass ich mit meiner Unlust zu flirten die Ausnahme war. Er hatte das versucht, weswegen andere Frauen gerade heute unterwegs waren: Flirten und Spaß haben. Mir blieben ungefähr fünfzehn Minuten, wenn ich pünktlich da sein wollte. Von weitem sah ich, wie überfüllt der Marktplatz war. Es nützte nichts. Ich musste mich bis in die erste Reihe vorkämpfen. Lukas erwartete, dass ich in vorderster Front stand. Seinen Wunsch hatte er mir als Versprechen abgenommen. So setzte ich meine Ellenbogen ein, denn auf meine Frage ›Kann ich hier bitte mal durch?‹, erhielt ich weder eine Antwort noch wurde mir Platz gemacht. Mir fiel das Vorgehen schwer, denn ich war schüchtern. In der Regel gab ich mich mit dem Platz zufrieden, den andere mir zuwiesen. Damit sich der Vorfall von vorhin nicht wiederholte, legte ich meinen langen Schwanz über den Arm und hielt ihn fest. An den Stellen, an denen ich mir den Weg bahnte, hörte das Schunkeln auf. Die meisten verloren ihre gute Laune. Einige rempelten mich sogar an. Die Kommentare, die ich hörte, mag ich nicht weiter geben. Am liebsten wäre ich umgekehrt, um in meinen Kokon zu schlüpfen. Eine Tarnkappe wäre das passendere Kostüm für mich gewesen. Leider wurde der entsprechende Zauber nicht mitgeliefert. Inzwischen war ich in der ersten Reihe angekommen. Da ich der Menge hinter mir, entgegen meines inneren Feelings, Selbstbewusstsein vermitteln wollte, versuchte ich mir ins Gedächtnis zu rufen, was mir ein Trainer vor geraumer Zeit zu dem Thema vermittelt hatte: Beine hüftbreit auseinander, Schultern locker halten und nach vorne schauen. Ich hörte bereits die Musik. Die Wagen schienen näher zu kommen. Zwar hatte ich meinem Bruder den Gefallen getan, doch würde er mich erkennen? Von Kopf bis Fuß steckte ich in dem Katzenkostüm. Allerdings trug ich keine Maske wie Kermit, der Frosch, dem ich begegnet war. Dafür hatte mich Mona im Gesicht als Kätzchen geschminkt. Nach dem Blick in den Spiegel fand ich, dass es ihr gut gelungen war. Allerdings war ich nicht das einzige in der Menge. Ich verließ mich darauf, dass die Stimme des Blutes den Sieg davontragen würde. Die ersten Wagen zogen an mir vorüber. Die Menschen johlten und kommentierten die unterschiedlichen Motive. Ich bewunderte den Einfallsreichtum der Karnevalisten und noch viel mehr die Umsetzung. Lukas hatte mir erzählt, wie lange es dauerte, bis ein Wagen fertig war. Unvermittelt trafen mich Kamelle. Fast hatte ich vergessen, dass sie dazu gehörten. Neben mir stürzten sich Kinder mit Beuteln auf die Straße, um sie aufzusammeln. Wie in der Kindheit bückte auch ich mich und stopfte die direkt vor mir liegenden in die Taschen des Kostüms. Es war weit geschnitten, so dass die Unförmigkeit der Trägerin an gewissen Stellen nicht auffiel. Unzählige Wagen zogen an mir vorüber, bis der Lärm der Narren hinter mir anschwoll. Rufe drangen an mein Ohr: »Da kommen sie! Da ist er, der Prinzenwagen!« Ich sah das Prinzenpaar zu allen Seiten Süßigkeiten werfen. Kurz bevor sie auf meiner Höhe waren, riss ich die Arme hoch und versuchte mit meiner lautesten Stimme den Krach zu übertönen. »Bruderherz, Bruderherz, hier bin ich!« Dazu winkte ich wie verrückt. Endlich schaute er auf mich hinunter. Ein Hauch des Erkennens huschte über sein Gesicht. Er lachte mich an: „Hey, Schwesterchen!" Und schon war der Moment vorüber. Der Zug setzte seine Fahrt fort. Im gleichen Augenblick erhielt ich einen Stoß von hinten. Er kam so unverhofft und war so stark, dass ich keine Chance hatte, ihn abzuwehren. Instinktiv schob ich die Hände nach vorne. Im Fallen sah ich die riesigen Reifen eines Umzugswagens näher kommen. Die Menschen hinter mir schrien auf. Mein Denken setzte aus. Ich ergab mich dem, was unweigerlich folgen würde. Kurz bevor mein Kopf auf dem Asphalt aufschlug, rissen mich Arme mit einem Ruck nach hinten. Die Räder des Wagens rollten knapp an mir vorbei. Wir lagen beide auf dem Boden, allerdings rappelte sich mein Retter schneller hoch als ich. Das grässliche Plüschgrün kam mir bekannt vor. Nie hatte ich mich mehr darüber gefreut als in dem Augenblick.

»Bist du verletzt? Du hättest tot sein können!«

Ein zweites Mal an diesem Tag vernahm ich die dunkle Stimme.

»Danke!« Mehr konnte ich nicht sagen. Mit Erstaunen nahm ich zur Kenntnis, dass mein Körper funktionierte, obwohl alle Knochen schmerzten. Ich setzte mich auf. Vorsichtig half er mir hoch.

»Magst du mit mir etwas trinken gehen?«

»Ja.«

Ich fand es unfair, ihm seinen Wunsch nicht zu erfüllen, nach dem, was er für mich getan hatte. Darüber hinaus war mir der Schreck in die Glieder gefahren. Eine Sitzpause täte gut. Gemeinsam verließen wir die grölende Menge auf dem Marktplatz. Wir suchten eine Kneipe, in der der Geräuschpegel niedrig genug war, so dass wir uns unterhalten konnten. Schließlich hatten wir Glück. Während unseres Gesprächs fand ich ihn nicht mehr so schrecklich wie bei unserer allerersten Begegnung. Das Machogehabe hatte er abgelegt. Er musterte mich.

Ich hatte den Eindruck, er versuchte, sich ein Bild von meinem Gesicht ohne die Katzenschminke zu machen. Damit war er mir gegenüber im Vorteil, denn er nahm seine Froschmaske nicht ab. Im roten Mund befand sich ein Loch, gerade so groß, dass ein Strohhalm hineinpasste. Bislang war mir das nicht aufgefallen. Manchmal sah ich, wie sich die Augen in den Sehschlitzen bewegten. Es hätten braune Augen sein können. Sicher war ich mir nicht. Seine Maske verlieh unserem Treffen etwas Geheimnisvolles. Immerhin verriet er mir, dass er Leon hieß. Er fragte mich nach meinem Namen.

Zum Abschied meinte er: »Werden sich Marina und Leon wiedersehen?»

Ich nickte.

Er griff nach meiner Hand und schrieb auf die Innenfläche seine Telefonnummer. Ich machte es ihm nach.

»Ich werde dich anrufen!«, versprach er mir.

Leon hielt Wort. Wir verabredeten uns für das kommende Wochenende.

Zur Arbeit fuhr ich täglich mit der U-Bahn, weil es stressfreier als mit dem Auto war. Wie immer gab es für mich in der morgendlichen U-Bahn keinen Sitzplatz. Neben mir saßen ein junger Mann und eine junge Frau. Im Stehen konzentrierte ich mich auf das Lesen der Zeitung, was beim Tempo des U-Bahnfahrers nicht leicht war. Er schien eine Rallye gewinnen zu wollen. Die Frau amüsierte sich. Ich hörte sie ein paar Mal laut auflachen. Jetzt schaute ich hinüber. Sie saß eng neben ihm und gestikulierte wild bei ihrer Erzählung. Er und sie wirkten sehr vertraut miteinander. Trotz der Beobachtung waren mir beide unbekannt. Als er ihr antwortete, durchzuckte mich ein Blitz: Die Stimme . . .

An der nächsten Haltestelle stieg ich aus.

✪ *Rubinhochzeit im Klassenzimmer*

Der Fahrtwind spielte mit meinen Haaren. Ich spürte die Lust des Windes, mir eine Frisur nach seiner Fasson zu verpassen. Sollte er doch! Innerlich war ich angespannt. Was würde mich erwarten? Die Bäume rechts und links an der Seite flogen vorbei. Sie bildeten eine undurchdringliche Mauer aus hellem Grün. Manchmal jedoch wurde es von einem Weiß unterbrochen. Stand das Haus schon immer dort? Ich hatte es vergessen. Vieles kam mir verändert vor. Nicht nur, dass die Linden in den Himmel zu wachsen schienen. Der Wind wirbelte die Erinnerungen wie kleine von den Ästen gefallene Blätter auf. Am Anfang weit entfernt. Fixpunkte in der Landschaft, die schließlich einem Laserstrahl gleich die Frontscheibe meines Wagens durchbohrten, um sich im Kopf festzusetzen. Eine einzige Rechtskurve noch. Anschließend würde es sich zeigen. Ich lenkte das Auto auf den Seitenstreifen und stieg aus. Zum einen, weil ich das Herz bis zum Hals zu schlagen spürte, zum anderen, weil sich zu meiner Linken ein sandsteinfarbenes Gebäude zeigte, das im Sonnenlicht badete. Es bestand aus drei in U-Form angelegten Gebäuden, die sich über einen parkähnlichen Innenhof zur Straße hin öffneten. Das Ganze war von einem hohen Zaun umgeben. Nach einer Weile atmete ich tief durch. Anschließend nahm ich wieder hinter dem Steuer Platz. Das schmiedeeiserne Tor stand weit offen. Ich betrachtete die

Autos, die auf dem Parkplatz standen. Allesamt Mittelklasse-
wagen. Wie es aussah, war ich nicht die Erste, die erschien. Das
war mir recht. Zunächst gab ich mir die Frisur, die mir gefiel.
Danach zog ich mit dem Lippenstift die Konturen nach. Aus
dem Innenspiegel blickte mir eine reife Frau mit schwarzem
Haar entgegen, in dem sich graue Strähnen ihren Weg bahnten.
Die Augen waren grün und leicht schräggestellt, was ihnen
etwas Geheimnisvolles verlieh. Mit dem Bild war ich zufrieden.
Ursprünglich hatte ich lange überlegt, ob ich käme. Zehn Jahre
nach dem Abi hatte ich von Caro die erste Einladung zum Klas-
sentreffen erhalten. Die hatte ich abgelehnt, weil ich Klassen-
treffen im Allgemeinen spießig fand. In unserer Jugend hatten
wir Spießigkeit verabscheut - ich besonders. Es machte mir
keinen Spaß zu hören, was jeder beruflich machte, wie viele
Kinder derjenige hatte und wie hoch die Hypothek für das Haus
war. Danach erhielt ich zwei weitere Einladungen, die ich ebenfalls nicht wahrnahm. Aus dem Grund war ich erstaunt, als ich
vor etwa vier Wochen die heutige Einladung im Briefkasten
fand. Ich an Caros Stelle hätte aufgegeben. Bereits während der
Schulzeit besaß sie eine gewisse Hartnäckigkeit. Warum ich der
heutigen Einladung nicht mehr ablehnend gegenüber stand,
wusste ich nicht genau. Wahrscheinlich war ich mit dem Alter
versöhnlicher geworden. Irgendwann kehrte sich das Verhältnis
zwischen Vergangenheit und Zukunft um. Die Zeitspanne der
Vergangenheit wurde länger als die der Zukunft, die vor mir

lag. Dabei fühlte ich mich als Silver Ager nicht alt. Noch einmal 20 Jahre alt sein, wollte ich allerdings auf keinen Fall.

Einige Dinge des Wandels genoss ich. Die Abschlussarbeit an der Uni hatte ich mit der Schreibmaschine getippt. Computer? Fehlanzeige! Meistens verschrieb ich mich zum Ende der Seite. Das bedeutete: once more! Korrekturen duldete der Dozent nicht. Indem er die Seite gegen das Licht hielt, wurden meine Verfehlungen sichtbar. Um die technische Erfindung beneide ich die Studenten von heute sehr. Während des Studiums wurden Bücher in der Bibliothek auf sogenannten Mikrofiches archiviert. Ich erinnere mich genau, dass ich um die termingerechte Abgabe meiner Abschlussarbeit bangte, weil zahlreiche relevante Bücher ausgeliehen waren. Das Internet mit seinen vielfältigen Möglichkeiten gab es damals nicht. Aktuell hatte ich es genutzt, um mich auf den Social - Media - Kanälen über meine ehemaligen Mitschüler zu informieren. Bei den männlichen war es relativ einfach. Die weiblichen Mitschülerinnen hatten mit einer Heirat wie früher üblich den Familiennamen abgelegt und den des Ehemannes angenommen. Nach einer Gesetzesänderung gab es später die Möglichkeit, den eigenen Familiennamen wieder anzunehmen. Doch wer tat das, wenn er jahrelang bereits mit einem neuen Namen unterwegs war?

Plötzlich wurde die Fahrertür aufgerissen.

»Bille, dass du da bist! Was für eine schöne Überraschung! Gut siehst du aus!«

Ich wandte den Kopf in Richtung der Stimme und runzelte die Stirn.

»Martin?«

»Ja, natürlich! Erkennst du mich nicht mehr?«

»Doch, doch«, beeilte ich mich zu sagen. »Ich war nur überrascht, dass du da bist.« Ich stieg aus.

»Du wirst dich wundern, wer alles kommt.«

Damit hakte er mich unter und schob mich in Richtung des Eingangs. Es gelang mir gerade noch, meinen Schlüssel über die Schulter zu halten, um das Auto zu verschließen. In der Eingangshalle blieb ich stehen.

»Warum gehst du nicht weiter? Wir sind alle in der Aula.«

»Spürst du nichts?«

»Was soll ich spüren? Es zieht.«

»Das meine ich nicht.«

»Geh` vor! Ich komme nach.«

Mit dem Betreten des Raumes wurden die Gerüche und die Gefühle aus der Schulzeit gegenwärtig. Ich fühlte mich in die Zeit zurückversetzt, als ich als Fünftklässlerin zum ersten Mal die Räumlichkeiten betrat. Sie sollten für die nächsten Jahre so etwas wie Heimat werden. Schulgeruch ist für mich unverwechselbar und dennoch schwer zu beschreiben. Die Duftwolke aus Bohnerwachs, Desinfektionsmitteln und den alten Linoleumböden holte mich ein. Gleichzeitig stülpte sich eine Art Zwangsjacke über mich, so dass ich zu dem kleinen Mädchen von damals wurde mit den Ängsten vor dem Neuen, dem Respekt vor den Lehrern und dem Gefühl des Verlassenseins. Ich erinnerte mich an Schubsereien auf den Treppen, an das Läuten der Schulglocke im Stimmengewirr der Mitschüler, an das Quietschen der Kreide an der Tafel . . . Die Tatsache, dass unser Treffen in der Aula stattfand, ließ darauf schließen, dass wir als Ehemalige einen gewissen Status genossen. Als Schüler mussten mir mit Peanuts, unserem Direktor verhandeln, wenn wir die Aula für unsere Festlichkeiten haben wollten. Am liebsten waren ihm Feiern im Klassenzimmer. Ob er da sein würde? In Gedanken sah ich ihn mit den Fingern Erdnüsse zusammendrücken, um danach nach einem möglichst unauffälligen Platz für die Schalen Ausschau zu halten - Papierkörbe ausgenommen. Mit dem Betreten der Aula fiel mein Blick auf die Bühne. Das war kein Kunststück, denn sie befand sich dem Eingang direkt gegenüber. Abermals hörte ich den Schulchor, der uns zu Ehren an dem Tag sang. Einige Chormitglieder fehlten. Sie standen auf der Bühne, um das Abiturzeugnis in Empfang zu nehmen. In seiner Abschiedsrede betonte Peanuts mehrfach, dass mit dem Abitur jedem von uns alle Wege offenstünden. Wir sollten die Chance nutzen. Haben wir das getan? Und hatte ich den richtigen Weg gewählt?

»Bille!«

Eine schlanke Frau mit kurzgeschnittenen, grauen Haaren erhob sich. Sie kam lachend auf mich zu. Das Lächeln in ihren

Augen war unverwechselbar. Ich würde sie immer erkennen.

»Caro!«

Wir fielen uns nach langer Zeit in die Arme. Plötzlich war alles wie damals, als ob es die Jahre dazwischen nie gegeben hätte.

»Nett von dir, mich unzuverlässige Nudel einzuladen, obwohl ich die Male zuvor ständig abgesagt habe. Du hast schon früher nicht schnell aufgegeben und versucht, zu vermitteln, um uns alle zusammenzuhalten. Als Klassensprecherin war es zwar deine Aufgabe, trotzdem . . . Was machst du heute? Verheiratet? Kinder?«

»Ja und ja. Ich habe hier bei der Stadtverwaltung im Bereich Eventorganisation gearbeitet!«

»Das passt zu dir. Im Organisieren warst du ein Ass.«

»Das ist vorbei. Inzwischen bin ich in Pension. Mir wurde angeboten, mit Mitte Fünfzig zu gehen. Das habe ich gemacht. Jetzt organisiere ich die Betreuung der Enkel. Und das Fest hier.«

»Ja, unverwechselbar deine Handschrift.«

Ich blickte auf die weißen Tischdecken, die roten Servietten und die Blumendekoration in Rot.

»Das sieht eher wie bei einer Hochzeit aus als bei einem Ehemaligentreffen.«

»Da hast du Recht. Wir haben vor 40 Jahren Abitur gemacht. Wenn wir die Jahre in einer Ehe hochrechnen würden, würden wir dieses Jahr Rubinhochzeit feiern. Irgendwie sind wir alle in einer Art Ehe verbandelt, findest du nicht? Übrigens Ehe. Bist du verheiratet, hast du Kinder?«

»Drei Mal und drei Mal glücklich geschieden. Aller guten Dinge sind drei. Das reicht. Die Männer halten es mit mir nicht lange aus oder ich mit den Männern. So ganz ist mir das bislang nicht klar. Kinder habe ich keine.«

Caro lachte.

»Du bist früher bereits deinen eigenen Weg gegangen. Spießigkeit hast du von Anfang an gehasst. Mich wundert es, dass du überhaupt geheiratet hast.«

»Es hat sich so ergeben.« Bei der Bemerkung lachte ich ebenfalls.

»Schau an, wer sich hierhin verirrt hat. Die Bille!«

Mit den Worten erhob sich ein schlanker, älterer Mann mit einem gepflegten, grauen Bart. Seine Haare standen in kleinen Locken vom Kopf ab.

»Einstein! Entschuldige, ich meine Werner!«

»Nein, nein, Einstein ist okay. Heute fühle ich mich geschmeichelt.«

Einstein war unser Physiktalent. Sein Wissen auf dem Gebiet war größer als das unseres Lehrers. Aus dem Grund durfte er die Versuche im Unterricht eigenständig vorbereiten.

»Komm`, setz` dich zu mir.«

Er zog mich auf den freien Stuhl neben sich.

»Mich begrüßt du gar nicht?«, hörte ich eine Stimme ganz nah. Erstaunt blickte ich zur Seite.

»Doch, natürlich«, beeilte ich mich zu versichern. In Wirklichkeit überlegte ich fieberhaft, wen von meinen Mitschülerinnen ich vor mir haben könnte.

»Du weißt nicht mehr, wer ich bin?«

»Hilf mir auf die Sprünge!« Mir wollte der Name einfach nicht einfallen.

»Zöpfe!«

»Conny!«

Plötzlich hatte es ›Klick‹ gemacht. Die gesamte Schulzeit hindurch trug sie zwei akkurat geflochtene Zöpfe. Der Mittelscheitel war so gerade wie mit einem Lineal gezogen. Die Ausnahme bildete der Tag der Zeugnisübergabe. An dem Tag trug sie einen einzigen, seitlichen Zopf. Ich hatte Conny stets um ihr dichtes Haar beneidet. Ich blickte auf ihr Haar. Es hatte seine Fülle verloren.

»Was hast du inzwischen gemacht?«

»Ich habe Lehramt studiert.«

»Du bist bestimmt Lehrerin für Deutsch und Geschichte. Das waren deine absoluten Lieblingsfächer!«

»So ähnlich. Fertig studiert habe ich; jedoch nie als Lehrerin gearbeitet.«

»Was ist passiert?«

»Während des Studiums habe ich mich in meinen Mann verliebt, obwohl wir uns bereits lange kannten. Wir haben fünf Kinder.«

»Fünf! Respekt! Das stelle ich mir anstrengend vor.«

Sie zog die Schultern hoch.

»Nicht wirklich. Hast du Kinder?«

»Nein.«

Innerlich tat mir Conny leid, obwohl sie nicht unglücklich wirkte. Was hatte sie für Chancen gehabt und nichts daraus gemacht. War ich voreingenommen? Hatte sie wirklich nichts aus ihrem Leben gemacht? Möglicherweise war ich auf dem Holzweg, indem ich Karriere mit einem gutbezahlten Beruf gleichsetzte. Sie hatte auf ihr Herz gehört. War das letztlich nicht erstrebenswerter? Conny stieß mich an.

»Schau` mal zur Tür!«

In ihr erschien ein Mann in einem dunklen Anzug mit Krawatte. Der Anzug sah teuer aus, genauso wie die glänzenden Lederschuhe. In die Gruppe kam Bewegung, obwohl die meisten saßen. Sie redeten wild durcheinander. Nur ich war unwissend und machte sicherlich ein verblüfftes Gesicht. Das war bestimmt der Grund, weshalb er auf mich zukam.

»Dr. Andreas Haber, Rechtsanwalt mit eigener Kanzlei in Hamburg.«

»Andy, du?«

»Ja, ich! Das hättest du nicht erwartet? Entschuldige den Spaß eben. Du sahst so verwirrt aus. Da konnte ich nicht widerstehen.«

Andreas war unser Hippie und der Albtraum aller Lehrer gewesen. Ständig wusste er alles besser. Mit seinen Bemerkungen trieb er die Lehrer zur Weißglut. Er hatte lockige, schwarze Haare. Weil er sie wachsen ließ, standen sie wie eine Perücke von seinem Kopf ab. Dazu trug er ein Batik-T-Shirt wie wir alle, weil es damals Mode war. Seine Jeans saß während der Schulzeit super eng. Die meisten von uns legten sich mit einer neuen Jeans in die Badewanne, um sie dadurch den Körperkonturen anzupassen.

»Du und Rechtsanwalt. Wenn mir das jemand erzählt hätte, hätte ich es nicht geglaubt.«

»Ja, die Wege sind oftmals wunderlich. Letztendlich landen wir alle dort, wo wir hingehören. Davon bin ich überzeugt.«

Ich freute mich, meine MitschülerInnen wieder zu sehen. Der Gesprächsstoff ging uns nicht aus. Fast bedauerte ich, die früheren Einladungen ausgeschlagen zu haben. Wir wurden abermals zu der verschworenen Gemeinschaft, die gegen die Lehrer und jeden, der uns etwas wollte, zusammenhielt. Als wir mitten beim Essen waren, öffnete sich die Tür. Eine Frau trat ein. Andreas pfiff durch die Zähne. Die anderen Männer hoben wie elektrisiert die Köpfe. Durch die Kopfbewegung lösten sich die Hände vom Teller und hielten das Besteck in der Luft. Sie war dunkelhaarig. Das Haar fiel in sanften Wellen auf ihre Schultern. Der Gang war trotz ihrer hochhackigen Schuhe federnd. Die Kleidung sah teuer aus. Sie wirkte wie ein Model und damit in der Aula mehr oder weniger fehl am Platz. Als sie näher kam, erkannte ich sie.

»Ina!«

Sie hätte ich am wenigsten erwartet. Fast war sie aus meiner Erinnerung verschwunden, obwohl ihr Schicksal dereinst den gesamten Jahrgang beschäftigt hatte. Ina wurde während der Schulzeit schwanger. Unglücklicherweise kam es ein paar Tage vor ihrer letzten Prüfung heraus. Peanuts und das Lehrerkollegium beschlossen, sie der Schule zu verweisen. Damit hätte sie kein Abitur gehabt. Eine Schwangerschaft wurde damals als eine ansteckende Krankheit behandelt. Unser gesamter Abiturjahrgang weigerte sich, die weiteren Prüfungen abzulegen, wenn Ina nicht an der Schule bleiben durfte.

»Wow, Ina! Du schaust aus wie ein Model!«

»Das bin ich!«

»Es freut mich für dich, dass du deinen Weg gemacht hast. Damals sahen deine Chancen aus meiner Sicht ehrlich gesagt eher bescheiden aus.«

»Ja, das stimmt. Ich bin euch noch heute dankbar, dass ihr euch für mich eingesetzt habt. Auf die Art war es mir immerhin möglich, den Schulabschluss zu machen. Später, nach der Geburt von Nick, ging ich auf eine Modelschule. Ich hatte Glück, denn ich wurde während der Ausbildung entdeckt. In der Zeit durfte ich bereits für große Labels laufen. Bis heute ist das so geblieben.«

Martin schlenderte rein zufällig - übrigens glaube ich nicht an Zufälle - auf unseren Tisch zu. Sein Blick war auf Ina gerichtet, während er mich ansprach:

»Inzwischen haben wir viel über die anderen gehört. Nur du hast dich zurückgehalten. In welcher Branche arbeitest du?«

»In keiner.«

»Entschuldige, von irgendetwas musst du leben! Oder hast du reich geheiratet?«

»Nein, ich bin drei Mal geschieden. Zahlen musste ich. Momentan lebe ich mal da und mal dort.«

Seine Augen glichen Murmeln.

»Ich habe ein Unternehmen gegründet, das ich vor ein paar Monaten verkauft habe. Ständig zu arbeiten, Entscheidungen von großer Tragweite zu treffen und in dem Hamsterrad sich abzustrampeln, tat meiner Gesundheit auf Dauer nicht gut. Es ist wundervoll, ausschließlich seinem Herzen zu folgen.«

Martins Augenbrauen rückten näher zum Haaransatz.

»Wie heißt deine Firma?«

»Nicht mehr meine wie gesagt. Es war die Billdonna-Company.«

Ich beobachtete den Ruck, der durch seinen Körper ging. Das Unternehmen gehörte zu den besten Adressen in der Kosmetikbranche.

»Die, die Billdonna . . . «

»Ja.«

Ina blickte ebenfalls auf mich.

Martin schlug mit der Gabel mehrmals leicht an mein Glas.

»Hört mal her! Wisst ihr, dass wir eine Berühmtheit in unserer Mitte haben?«

Augenblicklich verstummten die Gespräche.

»Bille ist die Gründerin der Billdonna-Company!«

Alle Augen richteten sich auf mich. Während der Schulzeit wäre mir die Reaktion unangenehm gewesen. Ich stand nicht gern im Mittelpunkt. Meine Einstellung hatte sich inzwischen geändert. Es verhielt sich nicht anders als in den zahlreichen Meetings, die ich geleitet habe.

Die anderen riefen mir zu:

»Bravo! - Toll, in dir versteckte sich bereits während der Schulzeit eine Unternehmerpersönlichkeit. - Ich wusste, dass es jemand aus unserem Kreis ganz weit bringt! ... «

Die Kommentare fesselten mich weit weniger als die Person, die in dem Moment den Raum betrat. Ich hätte ihn unter Millionen anderer Männer wiedererkannt oder zumindest unter hundert. Schlanke Figur, graumeliertes Haar, braun gebranntes Gesicht und blitzende Augen, die trotz der Entfernung zu erkennen waren. Chris - unser Don Juan und absoluter Frauenschwarm. Ein Date mit ihm galt als ein Sechser im Lotto. Er war anspruchsvoll. Ich hatte ihn angehimmelt, gehörte jedoch nie zu seinen Auserwählten. Ich glaube, Chris ist der Typ

Mann, bei dem ich noch heute weiche Knie bekomme. Als er näher kam, erhob sich Conny und ging auf ihn zu. Sie hakte sich bei ihm unter und kam lachend auf Werner, Martin, Ina und mich zu.

»Darf ich euch meinen Mann vorstellen? Ihr kennt Chris ja alle.«

Ich betete inständig, dass mein Gesicht nicht den Ausdruck offenbarte, den ich innerlich fühlte.

✰ *Veilchenblau*

Vollmond erhellte die Nacht. Das schwarze Wasser des Sees schlug sacht in kleinen Wellen auf den Kies. Er zog sein Boot von den Steinen in das Wasser und sprang leichtfüßig auf die Bank. Die Hände ergriffen die Ruder. Lautlos tauchten die Ruderblätter in das Wasser ein und teilten es. Fast genauso geräuschlos hoben seine Arme die Blätter heraus, um sie danach wieder kaum wahrnehmbar einzutauchen. Der Mann war kräftig und fand schnell seinen Rhythmus. Das Boot glitt in der Dunkelheit rasch dahin. Seine Begleitung musterte ihn, ohne ein einziges Wort zu sagen. Er blieb ebenfalls stumm. Tagsüber fuhr er mit seinem Boot die gleiche Strecke, wurde jedoch bei weitem nicht so gut bezahlt. Untertags redeten seine Gäste dafür mit ihm - dem Fährmann.

Den Weg kannte er wie jede Schraube seines Bootes, so dass ihn das fehlende Tageslicht nicht im Geringsten störte. In der Ferne tauchten die Umrisse der kleinen Insel auf. Gekonnt wich er den Untiefen aus. So manch` Ortsunkundiger beklagte den Verlust seines Bootes. An nicht wenigen Stellen um die Insel herum befanden sich knapp unter der Wasseroberfläche Reste von Pfahlbauten. Die abgebrochenen Pfähle waren scharfkantig genug, um ein Boot aus Holz so zu beschädigen, dass es volllief. Er verfügte über die genauen Ortskenntnisse sowie über die notwendige Erfahrung. Sein Gast war sicher. Mit den Füßen sprang er auf die Steine und zog das Boot weiter auf den

Strand. Der Mond blickte aus einer Baumgruppe auf das Ufer. Einem Scherenschnitt gleich erhellte er die Szene: Ein Mann - eine Frau - ein Boot - eine Baumgruppe. Sein Gast erhob sich. Galant reichte er ihr zum Aussteigen die Hand. Sie blickte ihn an. Zum ersten Mal sah er die Schönheit ihres Gesichtes.

Sie schritt vom Ufer den kurzen Weg zum hell erleuchteten Haus entlang. Musik, Stimmen und Gelächter drangen bis zum Boot. Der Fährmann folgte mit seinen Blicken der Gestalt, die immer kleiner wurde, bis sie seinen Augen ganz entschwand. Eine Frau, die sich nachts allein vom Festland auf die Insel übersetzen ließ, war ungewöhnlich. In der Gesellschaft, in der sie verkehrte, ganz sicher gegen die Regeln von Sitte und Anstand. Gewiss war sie eine Frau mit einem hohen gesellschaftlichen Rang. Soweit kannte er sich aus. Normalerweise hätte sie von einem Mann oder zumindest von ihrer Zofe begleitet werden müssen. ›Sie wird ihre Gründe haben‹, dachte er bei sich. In der Faust spürte er das Gewicht des Beutels voller Münzen, den sie ihm beim Einsteigen in die Hand gedrückt hatte. Bei der fürstlichen Bezahlung schob er seine Gedanken rasch beiseite.

Nach dem kleinen Spaziergang in der ausschließlich vom Mond erhellten Nacht blendeteAmelie das helle Licht im Saal. Von der Decke hingen mit cremefarbenen Kerzen bestückte Kristallleuchter. In ihnen brach sich das Licht. Es schickte bunte Reflexe auf den Boden und an die Wände. Die Kapelle saß an der schmalen Seite des Raums links vom Eingang. Als sie eintrat, hörte diese gerade auf zu spielen. Amelie gesellte sich zu einer Gruppe von jungen Damen, die sich flüsternd unterhielten und dabei leise lachten. Einige ältere Frauen beäugten misstrauisch die kleine Gesellschaft. Mit Sophie und Elisabeth war sie zur Schule gegangen. Amelie stellte Fragen, gab Antworten und lachte ebenfalls. Für Außenstehende gehörte sie zu den beiden dazu. Innerlich gingen ihre Gedanken auf die Reise. Die Augen blickten suchend umher, ohne dass es den anderen auffallen sollte. Sie forschten nach ihm - dem Mann, den sie bislang nur einmal gesehen hatte. Auf einer Promenade mit ihren Eltern und den beiden Schwestern kam er ihnen mit zwei Freunden entgegen. Amelie verlangsamte ihre Schritte, wie es sich für eine Frau ihres sozialen Standes gerade noch schickte, um nicht die Aufmerksamkeit der Familie zu erregen. Gerne hätte sie den Moment der Begegnung länger ausgekostet. Der flüchtige Blick aus seinen Augen - tiefblau wie Veilchen - traf sie vollkommen unvorbereitet. Ihr Herz schmerzte. Dazu schlug es unregelmäßig bis zu ihrem Hals. Im Nacken meinte sie seinen Blick zu spüren. Einfach den Kopf zu drehen und sich zu überzeugen, das wäre unziemlich. Von dem Zeitpunkt an schlich er sich über ihre Gedanken in ihr Leben. Tagsüber ertappte sie sich, dass sie zum Beispiel in einem Gespräch mit ihrer Mutter sein Gesicht sah. Das Gesicht ihrer Mutter verschwamm und erhielt die Gesichtszüge des jungen Mannes. Nachts war es am schlimmsten. Lange lag sie schlaflos im Bett und malte sich ein Wiedersehen aus. Wer war er? Welche Möglichkeit für ein Wiedersehen gab es? Vage erinnerte sie sich daran, einen seiner Begleiter im elterlichen Zuhause im Gespräch mit ihrem Bruder Maximilian gesehen zu haben. Da war sie zum Greifen nah, die Möglichkeit eines Wiedersehens! Wenn sie den Namen des Begleiters kannte, würde sie Gustav zu dessen Haus schicken. Er sollte dem jungen Herrn erzählen, dass bei einem Spaziergang an dem bestimmten Tag einer seiner Freunde einen Handschuh verloren habe, den er ihm wiederbringen möchte. Sie würde Gustav den von ihr verehrten Mann genau beschreiben, so dass keine Verwechslung bei dem Freund möglich wäre. Amelie war optimistisch, auf die Art und Weise den Namen zu erfahren. Zunächst war es notwendig, bei ihrem Bruder geschickt vorzugehen. Einfach nach dem Namen des Begleiters zu fragen, war unmöglich. Maximilian würde misstrauisch werden und nichts verraten. Zudem würde er ihren Eltern berichten, dass sie ihn über den Namen eines Mannes ausgehorcht habe. Diese würden ihr äußerst unangenehme Fragen stellen. Eine Frau ihres Standes tat so etwas nicht. Genauso wie es Amelie nicht erlaubt war, einen Beruf auszuüben. Ihre Aufgabe war es, den künftigen Ehemann mit ihrer Schönheit und Ausstrahlung bei Repräsentationspflichten zu unterstützen. Seinen Geschäftspartnern bei Tisch eine gebildete Gesprächspartnerin zu sein und für mögliche Erben zu sorgen. Deren Erziehung sowie alle Pflichten im Haushalt übernahm das Personal. Wäre sie als Mann geboren worden, hätte sie sich eine Tätigkeit als Diplomat vorstellen können. Sie war geschickt in der Kommunikation und konnte sich gut in andere Menschen einfühlen. Die Fähigkeiten wollte sie im Umgang mit ihrem Bruder nutzen.

Sie hatte es geschafft! Ferdinand - allein der Klang des Namens war Musik in ihren Ohren, wohlklingend, voller Temperament. Ferdinand Graf von Burg. Endlich hatte sie zu dem Gesicht, das sie ständig verfolgte, einen Namen. Jetzt erschien es ihr geradezu leicht, ein zufälliges Treffen zu arrangieren. Bald erfuhr sie, dass sich der von ihr Verehrte Ende des Monats zu einem Ball angesagt hatte. Er fand auf einer kleinen Insel, nicht weit von ihrem eigenen Zuhause, statt. Am besagten Tag war sie aufgeregt und tat alles, damit die Familie nicht spürte, wie es in ihr aussah. Einzig und allein Gustav und Bertha, die alten Diener, die sie von Kindesbeinen an kannten und denen sie vertraute, weihte sie in ihr Vorhaben ein. Gustav war es, der den Fährmann für die heimliche Überfahrt bestellte. Ihr war bewusst, als junge und unverheiratete Frau und Mitglied der Aristokratie dürfte sie niemals abends ohne männliche Begleitung das Haus verlassen. Sie liebte Ferdinand, obwohl sie ihn bis jetzt nur einmal gesehen hatte. Er liebte sie ebenfalls. Davon war sie überzeugt. Die innere Stimme hatte ihr die Antwort zugeflüstert. Dafür war sie bereit, alles zu riskieren. Wenn die Empfindung sie trog, würde sie alles verlieren. Sie fände niemals einen Ehemann, ihre Familie verlöre den guten Ruf und würde sie verstoßen. Ihr bliebe nur der Weg ins Kloster. Bertha half ihr beim Ankleiden. Die Krinoline konnte sie unmöglich allein anlegen. Das Mieder wurde von der Vertrauten eng zur Wespentaille geschnürt. Darüber kam das mit Rüschen und Spitzen verzierte Ballkleid aus hellrosa Musselin. Das am Hinterkopf aufgesteckte Haar krönten kleine Rosenblüten. Ihre rosafarbenen Spitzenhandschuhe und der passende Fächer vervollkommneten ihr Erscheinungsbild. Auf Gustavs Zeichen verließen sie das Haus. Er brachte sie sicher zur Fähre. Während der Überfahrt musterte sie zwar den Begleiter, doch die Gedanken schweiften ab zu dem bevorstehenden Wiedersehen. Nach dem Weg durch die Dunkelheit mussten sich Amelies Augen an das Kerzenlicht im Ballsaal gewöhnen. Mit dem Betreten des Raumes verstummte plötzlich die Musik. Ein schlechtes Zeichen? Nein, das durfte nicht sein! Die Paare strömten von der Tanzfläche. Das gab ihr die Gelegenheit, sich verstohlen nach einer Gruppe umzuschauen, zu der sie sich gesellen konnte. Sie wählte die kleine Gesellschaft aus Sophie und Elisabeth, die sie aus Kindertagen kannte. Möglichst heimlich suchte sie im Ballsaal nach dem ihr vertrauten Gesicht, das ihr gleichzeitig so unerreichbar schien. Da, er war es! Würde er sie wiedererkennen? Würde er sie um den nächsten Tanz bitten? In ihrem Innern tobte ein Erdbeben. Ihr war schwindlig. Zu viele Gedanken auf einmal wirbelten in ihrem Kopf herum. Sie betete darum, dass er ihre geheimsten Wünsche erraten möge. Die Musik setzte wieder ein. Wie aus weiter Ferne hörte sie ganz nah bei sich eine wohlklingende Stimme.

»Gnädiges Fräulein, schenken Sie mir diesen Tanz?«

›Ja, mit Freuden‹, jubelte es in ihrem Innern.

»Gern, mein Herr«, vernahm sie ihre eigene Stimme.

Während des Tanzes sprach niemand ein Wort. Stumm schauten sie sich an und genossen die Gegenwart des anderen. Seine veilchenblauen Augen zogen sie abermals in ihren Bann. Das blonde, wellige Haar mit dem dunkleren Schnurr- und Backenbart bildete einen starken Kontrast dazu und ließ ihn verletzlich erscheinen. Seine hochgewachsene Gestalt im Smoking vermittelte Gradlinigkeit und Energie.

»Es ist heiß hier drinnen. Wollen wir in den Rosengarten gehen?«

Amelie blickte auf und nickte.

»Ihr, meine Königin, seid wunderschön. Das Rosa schmeichelt Euch. Der fruchtig-liebliche Duft passt zu Eurer Persönlichkeit. Eure Erscheinung fällt auf und Ihr verfügt über große Ausdauer. Der graziöse Wuchs ist für mich von großem Liebreiz.«

Amelie spürte die Röte von ihrem Gesicht Besitz ergreifen. Schnell wandte sie ihr Antlitz ab.

»Verzeihung, mein Fräulein, ich sprach von der Rose vor mir, der Königin von Dänemark, nicht von Euch.«

Ein Blick in seine Augen zeigte ihr, dass er nicht die Wahrheit sprach. Das war ihr recht. Er meinte sie. Vor lauter Glück hätte sie die Welt umarmen können. Stattdessen griff sie nach dem Fächer und tat so, als ob sie sich Luft zufächelte.

»Lassen Sie uns in den Saal zurückkehren, damit unsere Abwesenheit keine Beachtung findet.«

»Oh!« Veilchenblau seufzte und schmiegte sich enger an ihr Spalier, während sie den beiden nachblickte.

»Die Zwei geben ein wunderschönes Paar ab, als ob sie bereits seit langem zusammen wären.«

»Sei nicht romantisch. Das Leben ist hart«, rügte der Comte de Chambord sie. Ständig war er neidisch auf Veilchenblau. Seine gevierteilten, kräftig rosa Blüten versprühten einen intensiven Duft. Aufgrund seines geringen und kompakten Wuchses führte er ein Schattendasein. Infolgedessen bekam er nicht alles mit, was sich im Rosengarten ereignete. Veilchenblau überragte mit ihrer beachtlichen Größe alle anderen Rosen.

»Ich bin ebenfalls nicht groß«, meldete sich Madame Boll zu Wort.» Dennoch liebe ich mich wie ich bin.«

»Deine leuchtend rosafarbenen Blüten duften sehr intensiv und verlocken die Menschen dazu stehen zu bleiben, um an dir zu riechen«, meinte Madame Hardy. »Meine Blüten sind rein weiß, doch der grüne Punkt in der Mitte machen sie besonders.«

»Hört auf zu streiten«, warf Tuscany ein. Es gab sie schon lange Zeit. Daher war Streit ihr ein Gräuel. »Meine samtig dunkelroten Blüten mit den dottergelben Staubgefäßen erregen zwar die Aufmerksamkeit der Besucher, doch niemand traut sich, meine Blüten zu berühren; aus Angst vor den dicht mit Borsten besetzten Stielen. Jede von uns gehört in diesen Rosengarten und macht ihn zu dem, was er ist: einem Ort, an dem sich die Menschen an uns erfreuen.«

Alle schwiegen betreten.

☆ Geschichten sind nur geordnete Wörterketten

›Entscheidung am Abend‹, ›Die Schmetterlinge von der Sma-
ragdküste‹, ›Blaues Meer und schwarzer Sand‹. Meine Augen
glitten am Regal entlang. Ein Titel nach dem anderen von Annalaura Brunelli. Mir flog der Erfolg zu. Alles ging leicht. Ein
Bestseller nach dem anderen erblickte das Licht der Welt. Meine Agentin war zufrieden. Von jedem verkauften Exemplar
erhielt sie Provision. Und der Blick auf die Ziffern meines
Bankkontos zauberte mir Smileys ins Gesicht.

Das Weiß des Papiers schmerzte in meinen Augen. Stunden-
lang saß ich mit gesenktem Kopf bereits so da. Wie ein Jaguar
vor dem Sprung. Nur die Beute lief nicht vorbei! Ein Füllhorn
mit 26 Buchstaben! Wie viele Wörter sich daraus zusammensetzen ließen - in einem anderen Leben! Das leere Blatt und ich
schauten uns an. ›Leer‹ im eigentlichen Sinn war es nicht. Am
Seitenanfang stand: ‹Die Frau‹ von Annalaura Brunelli. Ein
DIN-A4-Blatt umfasst in der Regel 30 Zeilen. 200 Seiten sollte
der Roman von mir haben. Da ich bereits eine Zeile geschrieben hatte, bedeutete es, dass ich nur mehr 199 komplette Seiten
vor mir hatte. Mit jeder lächerlichen Kleinigkeit versuchte ich
mir Trost zu spenden. Aus der Kindheit kannte ich ein Memo-
ry-Spiel, bei dem gleiche Früchte aneinanderzureihen waren.
Funktionierte das ebenfalls mit den Buchstaben, die ich für den
Roman brauchte? Könnte ich nicht irgendwelche Buchstaben

zusammensetzen und schauen, was daraus entstand? ›Annalaura, du spinnst‹, meldete sich Gabriellas Stimme in meinem Ohr. Warum musste sie derart vernünftig sein? Ich sah sie förmlich vor mir, wie sie den Kopf schüttelte.

›Deine Leser werden das Buch nicht kaufen, wenn die Buchstabenreihen keine bekannten Wörter ergeben.‹

‹Das Argument ließ ich gelten. Aber warum war es dermaßen schwer?‹

Gabriella! Wie lange kannten wir uns? Zehn, fünfzehn Jahre? Seit meinem ersten Buch! Inzwischen waren fünfzehn Jahre vergangen. Ich erinnerte mich ganz genau an unser erstes Zusammentreffen. Wir bildeten ein gutes Gespann als Agentin und Autorin. Das Gefühl, beim Schreiben durchgehalten zu haben, so dass am Ende wirklich ein Roman mit 200 Seiten vor mir auf dem Tisch lag, war unbeschreiblich. Damals war es leicht. Die Wörter drängten förmlich aus mir heraus. Mühelos fügten sie sich zu einem Ganzen. Ich bot das fertige Werk einem Verlag ohne Hoffnung auf Annahme an. Entgegen meiner Erwartung zeigte sich der Verlag interessiert. Er stellte mir Gabriella zur Seite, die mir Verbesserungsvorschläge machte. Danach rissen sich die Leser um das Buch. Innerhalb kurzer Zeit avancierte es zum Bestseller. Nach dem ersten Bestseller wollte der Verlag mehr von mir. Jedes Jahr einen Roman, den ich problemlos lieferte fast wie Amazon. Die Ideen flogen mir zu. Kleinen Wellensittichen gleich setzten sie sich auf die

Schulter, um mir die Worte in den Laptop zu diktieren.

Der Fünfzehnte ist in drei Wochen, der Abgabetermin für das neue Manuskript. Und was hatte ich bislang? Den Titel! Glaubte ich zumindest. Dabei wusste ich nicht einmal, wie ich auf ihn kam. Es stand keine Idee dahinter. Bei den vorherigen Romanen war das anders. Titel und Handlung waren von Anfang an präsent. Sie bildeten eine Symbiose. Kann es sein, dass ich nach fünfzehn Jahren des Schreibens ausgebrannt war? Schreibblockaden gab es nicht, hatte ich irgendwo gelesen. Wenn das so war, müsste mir eine Handlung einfallen. Die Themenvielfalt war im Grunde unendlich. Wieder blickte ich auf das weiße Blatt vor mir. ›Man kann nicht nicht kommunizieren‹, fiel mir die Aussage von Paul Watzlawick ein. Ist ein weißes Blatt Papier in der Lage, mit mir zu kommunizieren oder gilt das ausschließlich für Personen und Tiere? Die Gedanken kreisten in meinem Kopf. Voller Verzweiflung rief ich Gabriella an.

«Mir fällt nichts mehr ein! Niente, nothing! Meine Kreativität ist gestorben! Es ist furchtbar!»

«Reg` dich nicht auf! Du bist überarbeitet. Jedes Jahr ein neuer Roman. Das ist viel. Was hast du denn fertig?»

«Den Titel!»

«Hm, das ist . . . überschaubar. Nimm` dir eine Auszeit.»

«Aber der Abgabetermin ist in drei Wochen! Wie soll ich mir da eine Auszeit gönnen? Dann schaffe ich das bis dahin nie!»

«Wenn du sowieso nichts zustande bringst, kannst du dir ebenso gut eine Auszeit nehmen.»

«Eine Auszeit bringt nichts, denn ich habe eine Schreibblockade!»

«Das redest du dir ein. Schreibblockaden gibt es nicht!»

Eine Autorin ohne Ideen! Was ist die wert? Was ist, wenn ein Schreiner vergisst, wie er Holz bearbeitet oder ein Juwelier nicht mehr weiß, wie man vergoldet? Schreiben ist ebenfalls ein Handwerk! Vom Haus wählte ich den Weg über die Eisenbahnbrücke zum Meer. Das tat ich, seitdem ich in dem Haus lebte. Auf der Brücke blieb ich stehen und schaute nach unten. Mein Blick verfing sich in den endlosen Schienen, die scheinbar irgendwo am Horizont endeten.

In den folgenden Tagen mied ich das Arbeitszimmer wie der Teufel das Weihwasser. Wenn ich glaubte, dadurch die mich umgebende Aura des Versagens ausschalten zu können, hatte ich mich getäuscht. Es blieb ein misslungener Versuch des Selbstbetrugs, der meine Nerven zum Zerreißen anspannte. Drei Tage vor dem Abgabetermin fasste ich mir ein Herz. Ich setzte mich vor den Laptop und öffnete das unvollendete Dokument. Anders als die Male zuvor, beherrschte nicht mehr das strahlende Weiß des Papiers den Raum, sondern die Frau vom Titel blickte mich an. Sie war jung und besaß rotes Haar. In den grünen Augen lag eine Lebenserfahrung, die ungewöhnlich für ihre Jugendlichkeit war. Hinter ihr tauchte ein älterer Mann auf.

Ihr Vater, ihr Ehemann? An ihrer Seite sah ich zwei lachende Kinder, einen Jungen und ein Mädchen. Ihre Kinder? Abseits stand ein junger Mann, der die Gruppe zu betrachten schien. Noch war mir nicht klar, was die Bilder zu bedeuten hatten. Gleichzeitig war ich jedoch sicher, dass die Frau mir ihre Geschichte erzählen würde. Dazu war es einzig und allein notwendig, nach innen zu lauschen.

Leise öffnete sich die Tür. Matteos Kopf erschien und wandte sich mir zu.

«Nala, das Abendessen ist fertig.»

Seit unserer Hochzeit nannte er mich Nala. Annalaura war ihm zu lang. Ich blickte über die Schulter und erwiderte:

«Jetzt nicht. Ich schreibe!»

Leicht und mühelos glitten die Finger über die Tastatur dem neuen Bestseller entgegen.

✿ *Der Gedankenwald*

Von weitem hörte ich es schon. Ein Kreischen wie der Bohrer beim Zahnarzt. Am liebsten hätte ich mir die Ohren zugehalten. Stattdessen bohrten sich die Walkingstöcke dem flüssigen Magma des Erdmittelpunkts entgegen. Täglich ging ich den Weg. Nie ließ ich mich davon abbringen. Aus dem Nichts heraus tauchte ein Mann auf. Er stellte sich mir in den Weg. Seine Füße stemmten sich breitbeinig in den Boden. Die Arme hatte er vor der Brust verschränkt. Dass seine Oberarme muskulös waren, konnte ich durch die dünne Jacke erkennen. Über ihr trug er eine orangefarbene Warnweste, eine, wie ich sie im Auto hatte, weil sie vorgeschrieben war. Mein Kopf reichte ihm bis zur Schulter.

»Wie kommen Sie hierher?«

»Den Weg entlang.« Mit einem der Stöcke machte ich eine Bewegung über die Schulter.

»Das kann nicht sein. Den Zugang haben wir wegen der Arbeiten mit einem Band abgesperrt. Haben Sie das nicht gesehen, gute Frau?«

»Nein!«

Die Anrede ›Gute Frau‹ hasste ich. Wie konnte er wissen, ob ich ›gut‹ war? Mit der Aussage vorhin hatte ich ihn angelogen. Das Flatterband war nicht zu übersehen. Selbst mir im Walkingrhythmus fiel das auf. Ich hatte es umgangen, indem ich mich durch die Büsche schlug. Wie bereits angemerkt, ging ich täglich den Weg. Wenn ich eine Lügnerin war, könnte ich dann nicht auch möglicherweise eine Mörderin sein? Woher wollte er das wissen?

»Das mit der ›Guten Frau‹ lassen Sie besser. Die Formulierung macht mich wütend.«

»Okay, aber trotzdem können Sie hier nicht durch. Aufgrund der Holzfällerarbeiten geht das nicht.«

Obwohl er entschlossen wirkte, machte sich in seinem Gesichtsausdruck eine gewisse Ratlosigkeit breit. Eine harte Nuss wie mich hatte er scheinbar nicht alle Tage vor sich. Plötzlich schaute er über mich hinweg. Seine Miene hellte sich auf. Er nickte jemandem zu.

»Hallo, Chef!«

»Gibt`s Probleme, Josef?«

»Nein, ich habe der Lady lediglich erklärt, dass sie an der Stelle nicht durch kann wegen der Arbeiten.«

»Gut gemacht!«

»Lassen Sie uns verschwinden. Es könnte ungemütlich werden. Ich bin der Förster für den Wald hier«, fügte er hinzu.

Damit schob er mich vorsichtig, jedoch bestimmt, mit einem Arm in die Richtung eines anderen Weges.

»Warum holzen Sie die Bäume ab? Der Wald sieht schön wild aus. Ein kleiner Urwald aus längst vergangenen Zeiten.«

» ›Wild‹ ist das Thema! Die Bäume wachsen wie Kraut und

Rüben durcheinander. Und Kiefern gedeihen auf dem Boden überhaupt nicht. Schauen Sie, wie verkrüppelt die da hinten aussieht.«

Er wies mit der rechten Hand in eine Richtung, in der ich auf den ersten Blick keine Kiefer entdecken konnte. Erst bei genauerem Hinsehen entdeckte ich etwas Grünes, das einer Kiefer ähnelte. Jedoch schien sich der Stamm beim Wachsen um sich selbst gedreht zu haben.

»Wissen Sie, warum der Wald wie ein Urwald ausschaut?«
Ich schüttelte den Kopf.

»Bei dem Wald handelt es sich um einen Gedankenwald.«
Gedankenwald? Ich hatte mich wohl verhört. Den Begriff kannte ich nicht.

»Wie haben Sie den Wald eben genannt, Gedankenwald?«
»Ja, Gedankenwald! Sie können mit dem Wort nichts anfangen?«

»Nie gehört!«

»Ein Gedankenwald ist ein Wald, den wir mit unseren Gedanken erschaffen.«

»So etwas gibt es gar nicht!«, entfuhr es mir.

»Doch. Den Wald rufen die Menschen ins Leben, die dort in dem Dorf in der Nähe des Waldes leben.«

Das konnte nicht sein. Ich lebte in dem Dorf. Da ich in dem Wald täglich meine Walkingrunde machte, konnte ich behaupten, ihn gut zu kennen. Einen Baum in dem Wald gepflanzt, hatte ich jedoch nie!

»Das wüsste ich ja wohl, wenn ich an dem Ort jemals einen Baum gepflanzt hätte!«

Ich war echt entrüstet.

»So eine Unterstellung! Von nichts eine Ahnung haben und solche Behauptungen aufstellen. Ich wohne in dem Dorf. Wenn Sie ein Einheimischer wären, wüssten Sie das! Der alte Huber, Ihr Vorgänger, kannte seine Dörfler. Von einem Gedankenwald hat er nie etwas erzählt. Und er muss es schließlich wissen. Immerhin war er vierzig Jahre lang unser Förster!«

Erschöpft hielt ich inne.

»Das mag sein, dass er nichts davon erzählt hat. Geben tut es den Gedankenwald jedoch seit langem.«

»Warum sollte er das Wissen für sich behalten haben?«

»Sie sagten vorhin, er kenne seine Dörfler. Vielleicht hatte er Angst vor Reaktionen wie der Ihrigen. Jeder Dorfbewohner besitzt einen kleinen Abschnitt des Waldes, in dem er mit seinen Gedanken Bäume erschafft. Haben Sie nichts davon gehört, dass wir mit unseren Gedanken unsere Welt erschaffen? Wie es einem Menschen im Leben ergeht, hängt zu einem großen Teil von seinen Gedanken ab. Soll ich Ihnen Ihren Waldabschnitt zeigen?«

Im Grunde interessierte mich mein angeblich selbst erschaffener Wald nicht. Ich war nach wie vor wütend auf mein Gegenüber. Um mich wenigstens nach außen hin versöhnlicher zu geben, sagte ich:

»Meinetwegen.«

Wir hatten ein gutes Stück zu gehen. Dann blieb er stehen.

»Voilà, Ihr Wald!«

Neugierig blickte ich auf das Resultat meiner vermeintlichen Schöpfungen. Der Abschnitt sah wilder aus als der, in dem die Arbeiter vorhin die Bäume gefällt hatten. Alle Bäume wuchsen kreuz und quer durcheinander. Einige wenige hatten einen dicken Stamm und sahen gesund aus. Die meisten schauten eher kümmerlich aus. Sogar Kiefern gab es. Wie der Förster mir vorhin erklärt hatte, schien der Boden für sie wirklich nicht geeignet zu sein. Mehr als zwanzig Zentimeter Höhe hatten sie nicht aufzuweisen. Einige höhere Bäume schienen im oberen Bereich der Krone abgeknickt zu sein, als ob sie eine schwere Last trügen. Ein dünner Baum bewegte sich ständig von links nach rechts. Das sah idiotisch aus. Ich hörte ihn sogar lachen. Ein anderer spielte mit seiner Länge. Wenn er gerade ungefähr zehn Zentimeter gewachsen war, verkürzte er sich selbst wieder um die gleiche Länge. Er erweckte den Eindruck, als ob er Angst davor hätte, größer zu werden. Mein Blick richtete sich auf eine kleine Linde, deren untere beiden Äste so wirkten, wie vor dem Stamm ineinander verschränkte Arme. Die Blätter in der Krone waren klein und kompakt. Als kurz die Sonne darauf schien, hatte ich das Empfinden, sie starrte mich mit finsterem Blick an. Der Förster war meiner Blickrichtung gefolgt.

»Die Linde ist höchstens eine Stunde alt. Ein Prachtexemplar wird sie nicht werden. Das sieht man ihr an.«

»Das ist wirklich mein Abschnitt?«

»Ja. Sie können die Eigentumsverhältnisse in den Urkunden von Fürst Friedrich, der ursprünglich dieses Wäldchen gegründet hat, nachlesen. Der Bereich wird innerhalb der Familie von Generation zu Generation vererbt.«

Schnell verabschiedete ich mich. Die Lust auf Walking war mir restlos vergangen. Sollte in den Aussagen des Försters, dass ich mit meinen Gedanken das Wäldchen mit erschaffen habe, ein Körnchen Wahrheit stecken? Das Bild der scheinbar wütenden, kleinen Linde setzte sich in meinem Kopf fest. Vielleicht sollte ich versuchen, von jetzt an besser auf die Gedanken zu achten und positiv zu denken? In den folgenden Tagen gab ich mir Mühe, das Vorhaben in die Tat umzusetzen. Leicht war das nicht. Mir fiel auf, wie oft ich Gedanken hatte wie: ›Werde ich das schaffen?/Warum gerade ich?/Das wird nicht einfach!/Schon wieder stehe ich im Stau!/Der Tag geht gut los! . . .‹

Damit vergrößerte ich sicherlich meinen Urwald. Dem positiven Denken stand demnach anfangs meine Spontaneität im Weg. Zu lange hatte ich mich an das alte Gedankenmuster gewöhnt. Die althergebrachten Gedanken waren ständig als erstes da. Für eine Änderung hatte ich mir Zeit zu geben. Um die Gedanken zu überprüfen, schuf ich in meinem Kopf ein

Bild: Die Gedanken, die ich vergessen wollte, warf ich in den Mülleimer. Die, von denen ich mehr wollte, stellte ich mir als einen Pokal vor, den ich auf meine Anrichte im Wohnzimmer stellte. Nach einiger Zeit wurde der Mülleimer nicht mehr täglich voll. Dafür wurde der Platz für die Pokale knapper. Das war der Zeitpunkt, wo ich mich zu meinem Abschnitt im Wald hintraute. Kiefern sah ich keine mehr. Sogar der hin und her schwankende Baum war verschwunden. Wahrscheinlich waren die Bäume der Motorsäge zum Opfer gefallen. Die meisten Bäume waren klein, wie neu gepflanzt. Sie wuchsen gerade nach oben. Einige winkten mir zu und lachten. Besonders erfreute mich eine kleine Pflanze auf dem von Farnen bewachsenen Waldboden. An ihr war eine rote Blüte zu erkennen. Zwei Blütenblätter waren bereits geöffnet.

☆ *Für immer Tango*

Der Brief brannte wie Feuer in meiner Hand. Ich hatte ihn eben erst in den Sachen meines Großvaters gefunden. In seiner schnörkeligen Handschrift stand auf dem Umschlag geschrieben: ›für Ana‹. Ich kannte keine Ana. Großmutter hieß Henriette. Die Großeltern konnte ich nicht mehr fragen. Meine Schwester stand einige Meter von mir entfernt. Sie räumte den Kleiderschrank leer. Ich wollte nicht, dass sie sah, dass ich einen Brief gefunden hatte. Darum schob ich ihn schnell in den Hosenbund. Aus irgendeinem Grund überkam mich das Gefühl, er gehöre allein mir.

»Schau` mal, was ich hier hinter den Sachen gefunden habe!«

Sie zeigte mir ein Paar schwarz-weiße Herrenschuhe aus feinem Leder, mit einem Lochmuster verziert.

»Kannst du dir vorstellen, dass Großvater die jemals getragen hat?«

»Die kenne ich nicht. Ich kenne nur die, die er immer trug: zur Arbeit, im Garten, beim Wandern. Wenn du sie nicht willst, nehme ich sie gern als Erinnerung.»

Sie reichte mir die Schuhe.

»Es ist seltsam, die Sachen vom Großvater durchzusehen. Findest du nicht?«

»Mir ist es lieber, dass wir das tun, anstelle irgendeines fremden Menschen, der Haushaltsauflösungen von Berufs wegen macht. Beim Aussortieren sehe ich uns im Garten auf der Schaukel sitzen, als wir versuchen, mit den Fußspitzen möglichst hoch in den Himmel zu kommen. Und ich höre Großvaters Lachen. Das war unverwechselbar, dunkel, ansteckend. Wenn er lachte, bebte sein Körper.«

»Das stimmt.«

Sie wandte sich erneut dem Schrank zu.

Zuhause ging ich sofort in das Schlafzimmer und setzte mich auf das Bett, während ich den Brief aus dem Hosenbund zog. Großvaters Schuhe stellte ich auf den Nachttisch. Ich wusste, dass sie normalerweise dort nicht hingehörten. Doch was war schon normal, wenn ein geliebter Mensch plötzlich nicht mehr da war? Die Schuhe gaben mir das Gefühl, ihn trotz allem nah bei mir zu haben. Großvaters Schrift! Ebenso unvergleichlich wie sein Lachen. Es war die Schrift eines Menschen, der gerne mit der Hand und mit dem Füller schrieb. Dinge, die inzwischen im Zuge von Emails und mit dem Computer gedruckten Briefen aus der Mode gekommen waren. Keine Schriftart und ebenfalls keine Schriftgröße, die es vorab auszuwählen galt. Dafür eine Schrift, so individuell wie die Persönlichkeit des Schreibers. Vielen Buchstaben fügte er Extraverzierungen hinzu. Ähnliche hatte ich vor Jahren in alten Schriften eines Klosters gesehen. Ach ja! Und er schrieb generell mit blauer Tinte! Schwarze war ihm zu trostlos, wie er betonte. Ein Brief sollte dem Empfänger Freude bereiten genau wie das Leben. Aus dem Grund blickte ich auf in Blau geschriebene Worte ›für Ana‹. Ich dachte bislang, ›Anna‹ würde mit Doppel-N geschrieben. Hier stand ›Ana‹ mit einem N. Ein Fehler? Bei näherer Betrachtung fiel mir zudem auf, dass der Brief weder einen Absender noch die Adresse des Empfängers trug. Es wirkte, als ob Großvater niemals die Absicht hatte, ihn abzuschicken. Einen Brief zu schreiben, um ihn niemals abzusenden? Ich begriff den Sinn nicht. Um dem Brief den Respekt zu zollen, den ich empfand, öffnete ich den Umschlag vorsichtig mit einem Brieföffner. Heraus zog ich ein cremefarbenes Blatt gefalteten Büttenpapiers. Als ich es glatt strich, las ich: ›Geliebte Ana!‹ Ein Datum fehlte. Neugierig schaute ich auf die Rückseite. Die letzten Worte hießen ‹por siempre, Robert›. Ein Liebesbrief? Schnell überflog ich den Inhalt. Mein Großvater war in Buenos Aires gewesen. Dort hatte er besagte Ana beim Tango tanzen kennengelernt. Weder wusste ich, dass er jemals in seinem Leben in Argentinien war, noch, dass er Tango tanzen konnte. Welche Geheimnisse würde ich darüber hinaus entdecken? Er schrieb, dass sich im Tanz mit ihr die gesamten Gefühle ausdrückten, die er für sie empfand: Seine Liebe, die Sehnsucht, mit ihr zu leben und zugleich die Gewissheit, dass sich die Träume niemals erfüllen würden. Da glaubte ich, Großvater mein ganzes Leben zu kennen und nun diese Enthüllungen! Beim Zurückstecken des Briefes in den Umschlag hakte er irgendwo fest.

Ich schaute nach. Innen, im Umschlag festgeklebt, entdeckte ich ein kleines Schwarzweißfoto vom Großvater. Darauf war er in einer dunklen, weitgeschnittenen Hose mit einem ebenfalls dunklen Hemd und einer weißen Krawatte zu sehen. Die Schuhe konnte ich nicht genau erkennen, weil das Foto so winzig und überaus alt war. Es hätten jedoch die sein können, die meine Schwester im Kleiderschrank gefunden hatte. Neben ihm stand in einem dunklen, eng anliegenden Kleid eine Frau mit hochgestecktem Haar. An einer Seite steckte im Haar eine Blüte. Ich kannte die Frau nicht. Ana? Am stärksten beeindruckte mich Großvaters Haltung. Im Grunde war Haltung das falsche Wort. Pose traf eher zu. Sie drückte Dramatik und Leidenschaft aus. Warum war er überzeugt davon, dass sich die Liebe zu Ana nicht erfüllen würde? Kannte er zu dem Zeitpunkt bereits Henriette oder war er gar verheiratet? Ich würde das Geheimnis wohl nie erfahren. Die Qualität des Fotos war zu schlecht, als dass ich genaue Rückschlüsse auf sein Alter ziehen konnte. Mit der Suche nach einer Ana in Buenos Aires ohne Adresse brauchte ich gar nicht erst zu beginnen. Möglicherweise hatte sie diese Welt wie Großvater längst verlassen. Dennoch ließen mich die Gefühle, die er beim Tango tanzen gehabt hatte und das Bild eines Mannes voller Leidenschaft und Dramatik nicht los. Was konnte ich tun? Wie ein kleiner Kolibri flog mir die Antwort zu. Es war so einfach. Ich musste Tango Argentino tanzen lernen! Zunächst kaufte ich mehrere CDS mit Tangomu-

sik. Mein Freund Sebastian meinte, ich solle die Musik ausschalten. Sie mache ihn traurig. Er behauptete sogar, dass emo-
tional nicht stabile Menschen auf Selbstmordgedanken kommen
könnten. Das fand ich übertrieben. ». . . Der Tango ist ein trau-
riger Gedanke, den man tanzen kann . . . « (Zitat nach: Enrique
Santos Discépolo, Tangotexter). Das Zitat hatte ich auf einem
CD-Cover gelesen. Die Vorstellung gefiel mir. Die ersten Takte
der Musik schwangen ein unsichtbares Lasso und fingen mich
ein. Augenblicklich verfiel ich den Tangoklängen bis in die
letzte Faser meines Körpers. Eine Wolke aus den unterschied-
lichsten Gefühlen von Glück, Liebe, Sehnsucht, Leidenschaft
hüllte mich ein. Ich lauschte nach Innen und fühlte eine Tristezza, eine Traurigkeit, die der Schwermut ähnelte. Allerdings ließ
sie mich nicht verzweifeln, sondern gab mir Kraft. Einen Spalt
breit öffnete sich die Tür zu Großvaters Welt.

»Wenn ich einen Tango-Argentino-Tanzkurs machen
möchte . . .«

» . . . musst du ihn ohne mich machen. Das tue ich mir nicht
an.«

»Du hast nichts dagegen, wenn ich mir in der Tanzschule
einen Tanzpartner suche?«

Ich war überrascht. Mir würde es nicht gefallen, wenn er mit
einer anderen Frau tanzte.

»Wenn du es unbedingt willst, dann mach` es!«

Am folgenden Tag suchte ich im Internet nach Tangoschulen

in unserer Stadt. Erstaunlich, dass es in unserer Kleinstadt mehr als eine gab. Bei den Anrufen stellte ich enttäuscht fest, dass die meisten für einen Kurs keinen Partner stellten. Zum Schluss blieb eine übrig. Die Tatsache erleichterte die Auswahl.

»Bitte besorgen Sie sich Tangoschuhe bereits für den ersten Kursabend! In Straßenschuhen lassen wir Sie nicht auf die Tanzfläche. Tangoschuhe sind aus anschmiegsamen Leder und Damenschuhe haben eine gewisse Absatzhöhe. Bei der Anprobe müssen sie drücken. Für das erste Mal, wenn Sie noch nicht wissen, ob Sie dabei bleiben, haben Sie die Möglichkeit, sie bei ›Carlos‹ auszuleihen. Ansonsten tragen Sie bitte Kleidung, in der Sie sich gut bewegen können.«

Sie nannte mir die Adresse des Schuhgeschäfts.

»Ich bin sicher, ich bleibe dabei und werde mir welche kaufen. Bis zum Freitag.«

Während des Gesprächs wurde mir klar, dass meine Schwester die Tangoschuhe unseres Großvaters gefunden hatte. Das war der Grund, weshalb sie aus weichem Leder bestanden.

An besagtem Freitag stand ich vor dem Kleiderschrank und wusste nicht, was ich anziehen sollte.

Die Hälfte des Schrankinhalts landete Riesenschmetterlingen gleich auf meinem Bett.

Schließlich entschied ich mich für ein schwarzes Kleid aus dünnem Stoff mit einem weiten Rock. Als ich die Treppe zur Tanzschule empor stieg, versuchte ich, mir die weichen Knie nicht anmerken zu lassen. Oben angekommen, empfing mich eine Frau.

»Ich bin Ramona und leite den Kurs mit Miguel. Du bist?«

»Charly, also eigentlich Charlotte«, antwortete ich wahrheitsgemäß. »Aber Charlotte gefällt mir nicht.«

«Okay, Charly. Komm` mit. Ich bringe dich zu deinem Tanzpartner und zeige dir, wo du die Schuhe umziehen kannst.«

Damit führte sie mich zu einer Art Garderobe, in der sich andere Paare aufhielten. Bei unserem Eintreten erhob sich ein blonder Mann. Langsam kam er auf uns zu.

»Das ist Matthias, dein Tanzpartner. Er wird dir alles zeigen. Ich muss mich um die anderen Neuankömmlinge kümmern.«

Mit den Worten entschwand sie.

»Dass ich Matthias bin, hast du von Ramona bereits gehört.«

»Charly.«

Ich reichte ihm die Hand.

»Vorab hatte ich eine Charlotte erwartet. Den Namen magst du wohl nicht?«

Heftig schüttelte ich den Kopf.

»Woher wusstest du, wie ich heiße?«

»Wir Single-Männer, das ›Single‹ gilt übrigens nur für das Tanzen, dürfen uns die Partnerinnen aussuchen. In der Regel herrscht in den Kursen ein Frauenüberschuss. Daher genießen wir einen besonderen Status. Ich habe mich für dich entschieden.«

Er lachte mich an. Ob seine Wahl ein Kompliment sein sollte oder lediglich das kleinere Übel, erschloss sich mir im Augenblick nicht.

»Wenn du fertig bist, lass` uns in den Saal gehen.«

Er führte mich in einen großen Raum, in dem zwei Wände verspiegelt waren. An den anderen hingen Bilder von berühmten Tangotänzern und -spielern. Die Zeit schien stehengeblieben zu sein in den 30er Jahren des vergangenen Jahrhunderts. Die Atmosphäre sog ich förmlich in mich auf. Ramona und Miguel stellten sich vor. Als die Musik einsetzte, zeigten sie ein Solo, das mich auf Anhieb beeindruckte.

»Das meiste davon musst du heute Abend können«, hörte ich Matthias` Stimme.

Empört drehte ich mich zu ihm um. Gerade als ich protestieren wollte, sah ich, dass er nur mit Mühe ein Lachen unterdrückte.

»Wir drehen uns alle zum großen Spiegel. Zunächst üben wir das Laufen«, drangen Ramonas Worte zu mir.

»Geht bitte alle geradeaus zum Spiegel vor euch.«

Laufen konnte ich eigentlich. Das hatte ich die letzten 30 Jahre bewiesen. Ich kam mir auf den Arm genommen vor. Im Nu war ich auf der anderen Seite.

»Charly, so machst du vielleicht deine letzten Einkäufe vor Feierabend. Mit Laufen beim Tango hat das nichts zu tun.«

Sicherlich leuchteten meine Ohren in dem Moment in einem dunkleren Rot als die Tomaten auf meinem Küchentisch.

»Ich zeige euch, was ich meine.«

Bei Ramona sah es aus wie ein Schreiten. Sie ging aufrecht und trat mit dem Ballen auf. Dabei blieb der Fuß nah über dem Boden, um nicht den Eindruck zu vermitteln ›wie ein Storch im Salat zu gehen‹. Zudem setzte sie einen Fuß vor den anderen. Sie schritt in einer gedachten Linie gemächlich und sehr elegant auf die Spiegelfläche zu.

»Jetzt ihr.«

Ich versuchte mein Bestes. Die Betonung lag auf ›versuchte‹. Es war schwierig, die gedachte Linie einzuhalten, ohne zu kippeln. Gleichzeitig spürte ich, dass mein Körpergefühl sich veränderte. Ich ging aufrechter, ein wenig nach vorn ausgerichtet und fühlte mich wie eine Königin. In der Hüfte wurde ich weicher und bemerkte eine leichte Hüftbewegung. Im normalen Leben war ich ein hüftloses Wesen.

»Wenn wir das größte Gewicht auf dem Ballen haben, macht uns das stabil und offen für Impulse des Partners«, erklärte Miguel.

Impulse von Matthias konnte ich momentan überhaupt nicht gebrauchen. Dazu war ich zu sehr mit meiner Körperhaltung beschäftigt. Ich war ja nicht allein auf der Tanzfläche und musste aufpassen, dass ich die Linie der anderen Tänzer nicht kreuzte. Miguel ließ uns eine Zeitlang auf die Spiegel zulaufen. Danach sollten wir im Kreis laufen. Das war schwieriger, als es den Anschein hatte.

»So, genug mit vorwärts laufen. Jetzt probieren wir es rückwärts«, mischte sich Ramona ein.

Sie demonstrierte, wie es ging. Es sah grazil aus. Dass es das nicht war, zeigte mir der Ausruf ›Aua, pass `doch auf!‹ eines Hintermannes, den ich mit dem Absatz getroffen hatte. Abschließend bliebe anzumerken, dass ich mich bei der ersten Tango-Argentino-Tanzstunde meines Lebens nicht gerade als Naturtalent outete. In Großvaters Welt des Tangos einzutauchen, war schwerer als gedacht. Gleichzeitig wusste ich, dass ich irgendwann eine gute Tangotänzerin werden würde, denn meine Leidenschaft sowie der Wille, mein Ziel unbedingt zu erreichen, waren geweckt. Die nächsten Unterrichtsstunden konnte ich kaum erwarten.

»Heute widmen wir uns der Körperhaltung beim Tanzen. Wahrscheinlich habt ihr schon gehört, dass es beim Tango Argentino keine festen Figuren gibt, die es abzutanzen gilt wie bei den unterschiedlichen Standardtänzen. Es wird auch nicht mit den Händen geführt. Der Impuls kommt allein aus dem Oberkörper, genauer gesagt über die Schultern. Der Mann legt seine rechte Hand um die Taille der Frau. Im Idealfall führt ihr miteinander einen Dialog ohne Worte. Dazu ist es notwendig, dass ihr so steht beziehungsweise tanzt, dass der Oberkörper dem Tanzpartner zugeneigt ist. Ob ihr nur die Köpfe aneinander lehnt oder der Kontakt über den ganzen Oberkörper erfolgt, bleibt euch überlassen. Das Wichtigste ist, dass ihr mit dem Oberköper ständig voreinander bleibt. Diese Körperachse ist besonders entscheidend. Ohne sie könnt ihr den Impuls eures Gegenübers nicht spüren. Bei der Umsetzung der Tanzschritte gibt es Missverständnisse. Dadurch landet ihr schneller auf dem Boden als euch lieb ist.«

Nicht nur meine Augen sendeten Fragezeichen bei Ramonas Worten aus. Die gleichen Signale empfing ich ebenfalls von den Umstehenden. Danach zeigten Ramona und Miguel wie die perfekte Körperachse auszusehen hatte. Matthias und ich probierten den Kontakt über die Wange, indem ich mich ihm leicht zuneigte. Sofort spürte ich, dass die ungewohnte Haltung mich kippen ließ.

»Bislang bin ich mit keiner Tanzpartnerin auf dem Boden gelandet. Du solltest nicht die Erste sein, mit der mir das passiert!«

Bei den Worten korrigierte er meine Tanzhaltung. Mit ihm hatte ich einen guten und erfahrenen Tänzer an meiner Seite. ›Das kann ja heiter werden‹, kam es mir in den Sinn. ›Aufpassen, dass ich nicht falle und zugleich auf die Impulse von ihm achten.‹

»Laura, es war nicht die Rede davon, dass du dich mit dem Gewicht deines Oberkörpers beim Partner einhängen sollst. Es ist nicht seine Aufgabe, dich über die Tanzfläche zu schieben«, hörte ich Miguel.

›Wenigstens klappte es bei den anderen ebenfalls nicht auf Anhieb‹, dachte ich befriedigt.

Matthias und ich wurden auf der Tanzfläche mit der Zeit ein eingespieltes Team. Was er bereits konnte, hatte ich mühsam zu lernen: Ochos, Sacadas, Entradas, Giros . . . Der Tango beherrschte mich, so dass ich sogar nachts davon träumte.

Matthias kam auf mich zu und legte den Arm um meine Taille. Allein die Berührung reichte aus, um eine Verbindung zwischen uns herzustellen. Es schloss sich ein Stromkreis. In Matthias` Augen sah ich mehr als Worte auszudrücken vermögen. Er gestattete mir einen Blick in seine Seele. Sicherlich sah auch er in meine. Allein am Ausdruck seiner Augen war ich in der Lage, auf seinen Gemütszustand zu schließen. Manchmal spielte er mit mir das Spiel des Werbens, der Verführung, der Trennung. Erst lockte er mich in die eine Richtung, um im nächsten Augenblick einen Richtungswechsel zu vollführen. Niemals dachte ich nach, wohin ich gehen sollte. Ich gab mich allein der Musik und der Bewegung hin. Alles geschah nur aufgrund eines Impulses von Matthias, der sich in Energie verwandelte. Meine Energie setzte sich wiederum in einen Impuls für ihn um. Der Energiefluss zwischen uns beiden gab uns die Möglichkeit, mit dem Körper unsere Gefühle und Vorstellungen auszudrücken. Leidenschaft pur! Diese tiefe und vollkommene Verbundenheit jenseits von Worten und in Abwesenheit des Denkens hatte ich niemals zuvor verspürt! Wir bildeten sogar eine Einheit, wenn sich unsere Wangen nicht berührten oder sein Arm nicht meine Taille umspann. Sacht spürte ich seinen Fuß an meiner Wade . . . und stürzte zu Boden.

Schweißgebadet wachte ich auf.

Der große Tag des Tanzwettbewerbs war gekommen. Nach Jahren des Übens war ich so gut, dass ich an Wettbewerben teilnehmen konnte. Endlich war ich am Ziel meiner Wünsche. Mit Matthias an meiner Seite betrat ich den Saal. Innerlich erfüllte mich eine Anspannung, die sich bald lösen würde. Sie würde dem leidenschaftlichen Spiel zwischen Mann und Frau weichen, dem wohlgeordneten Chaos der Beine zum Rhythmus der Musik. Besonders liebte ich den schnellen und beschwingten Milonga-Teil unseres Auftrittes. In einer Ecke des Raumes saß das Orchester. Mein Blick blieb am Bandoneon hängen - meinem absoluten Lieblingsinstrument. Für mich hauchte es dem Tango die Seele ein: mal leidenschaftlich, mal schneidend, bittersüße Sehnsucht erweckend. Tango ist nicht einfach nur Musik. Gute Tänzer sind in der Lage, die Musik in Worte zu verwandeln. Mit Blicken Leidenschaft zu entfachen, ein Miteinander, um im nächsten Augenblick im Rhythmus der Musik einen Richtungswechsel, ein Gegeneinander, zu vollziehen. Das Spiel unserer Beine glich dem Pinsel eines Malers, mit dem wir eine Geschichte auf die Leinwand der Tanzfläche bannten. Es war die Geschichte von Matthias und Charlotte. Inzwischen hatte ich mich erneut zu meinem vollen Namen entschlossen. Charly passte nicht zum Tango. Matthias brachte mich an meinen Startpunkt in der Mitte der Tanzfläche. Danach verließ er mich, um sich zu seiner Ecke zu begeben, von der aus er beginnen würde. Von meiner Position ließ ich die Augen an den einzelnen Zuschauern vorbeigleiten. Plötzlich sah ich Großvater als Tanguero an der Tür das Tanzsalons lehnen. Er lächelte mir zu. Die Musik setzte ein. Matthias kam näher. Während er nach meiner Hand griff und den Arm um meine Taille legte, verschmolz sein Gesicht mit dem des Großvaters. Ich hörte das dunkle, ansteckende Lachen. In seinen Augen vereinte sich die Leidenschaft für den Tanz mit der schmerzlichen Tristezza der Musik. Por siempre tango - für immer Tango!

✩ Mit Zauberkraft auf Wolke sieben

»Ich will das auch!«

Es war Frühling. Der Flieder verschenkte seinen Duft, als ich im Park an ihm vorüber ging. Manchmal gab es Tage, an denen ich bereits beim Aufstehen spürte, dass sie besonders waren. Heute war einer dieser Tage. Der Himmel trug kornblumenblau mit weißen Punkten. Das satte Grün der Rasenfläche durchbrachen bunte Sprenkel aus blühenden Blumen. Die Blätter der Bäume zeigten ein zartes Grün. Das Grün, das es nur zu Frühlingsbeginn gab. Auf manchen Bänken saßen Pärchen und küssten sich. Oder sie kamen mir engumschlungen mit einem Leuchten in den Augen entgegen. Alles wirkte wie ein kitschiges Gemälde aus einer anderen Zeit. Vorsichtig setzte ich einen Fuß auf die Rasenfläche. Das Gefühl war anders als auf dem Weg. Ich spürte das weiche Gras unter der Schuhsohle. Also war es kein Traum!

»Ich will das auch«, wiederholte ich leise.

»Was willst du auch?«, hörte ich eine weibliche Stimme nah bei mir.

Ich drehte mich um die eigene Achse, ohne jemanden zu sehen.

»Du kannst mich nicht sehen. Ich bin für dich unsichtbar.«

»Du spinnst wohl. Ich höre dich, als musst du irgendwo sein!«

»Ich bin über dir. Nur wie ich dir bereits sagte, kannst du mich nicht sehen.«

»Bist du eine Fee oder etwas Ähnliches?«

»Glaubst du an Feen?«

Darüber hatte ich mir nie Gedanken gemacht. In meinem Beruf zählten ausschließlich Fakten. Ich nahm an, dass ich die Denkweise für mein Privatleben übernommen hatte. Als kleines Mädchen war ich überzeugt davon, dass Feen, Hexen und Zwerge irgendwo tief versteckt im Wald lebten. Das lag an den Märchen, die mir erzählt wurden. Feen gefielen mir besonders, denn sie waren in der Lage, Wünsche zu erfüllen. Ich wünschte mir, nicht mehr zur Schule gehen zu müssen. Sie hielt mich vom Spielen ab. Dazu wollte ich, dass Max, der im Haus über uns wohnte, mit seinen Eltern wegzog. Ich mochte ihn nicht. Beide Wünsche erfüllten sich nicht. Als ich meine Mutter dazu befragte, meinte sie, Feen erfüllten nur vernünftige Wünsche. Dass ich zur Schule gehen müsste, wüsste ich wohl selbst. Von dem Zeitpunkt an waren Feen für mich gestorben. Wenn sie mir nicht meine Herzensträume erfüllten, brauchte ich sie nicht. Heutzutage, als Erwachsene, sind die Feen für mich so weit weg wie der Mars von der Erde.

Mein Gedankengespinst wurde erneut von der Frage: »Glaubst du an Feen?«, unterbrochen. Obwohl ich nicht geantwortet hatte, hörte ich:

»Also glaubst du nicht daran. Du bist einer von den Menschen, die nur das glauben, was sie sehen und anfassen können.

Habe ich Recht?«

»Das ist ja nicht verkehrt. Nicht einmal als kleines Mädchen hat mir eine Fee einen Wunsch erfüllt. Wieso sollte ich als erwachsene Frau an Feen glauben?«

»Was hast du vorhin mit ›Ich will das auch!‹ gemeint?«

»Auf meinem Weg sind mir lauter verliebte Pärchen begegnet. Du weißt schon, solche mit dem besonderen Leuchten in den Augen. Ständig haben sie sich geküsst. Ich will wieder einmal Schmetterlinge im Bauch spüren, weiche Knie bekommen, wenn mein Traumprinz mich ansieht. Verliebt auf Wolke sieben schweben, voller Gefühl bei ausgeschaltetem Verstand. Das will ich!«

»Wenn es weiter nichts ist, den Wunsch kann ich dir erfüllen. Wie soll dein Traumtyp aussehen und welche Eigenschaften soll er besitzen?«

»Du meinst, ich kann ihn bestellen, so ähnlich wie in einem Versandhauskatalog?«

»Nun, im weitesten Sinn, ja.«

Ich überlegte kurz. Simon und ich hatten uns im Internet über ein Dating-Portal gefunden. Vorab hatten wir online einen Fragebogen auszufüllen, in dem ebenfalls nach Aussehen und gewünschten Charaktereigenschaften gefragt wurde. Inzwischen bezweifelte ich, dass der Computer mit uns beiden ein Traumpaar zusammengebracht hatte. In der letzten Zeit stritten wir häufiger. Also, wenn ein Computer sich irren kann, vielleicht trifft die Fee ins Schwarze? Langsam begann mir die Vorstellung Spaß zu machen.

»Okay!« Ich nickte und gab ihr Einzelheiten zu meinem gewünschten Traumtypen preis: »Blond, blaue Augen, humorvoll, ehrlich, sportlich, etwa mein Alter und gegen ein eigenes Haus hatte ich nichts einzuwenden.«

»Holla, die Waldfee . . . «

»Was meinst du damit?«

»Eine heißer Typ.«

»Woher willst du das beurteilen können?«

»Glaubst du, ich kenne die Liebe nicht?«

»Nun, immerhin bist du eine Fee . . .«

»Und Feen verlieben sich nicht? Meinst du das? Denkst du, in unserer Welt laufen keine interessanten, männlichen Typen herum?«

Das Gespräch kam an einen Punkt, der mir anfing, Spaß zu machen.

»In wen bist du aktuell verliebt? Erzähl`!«

»Ganz sicher nicht. Auf die Art kannst du Menschen ausfragen. Bei Feen klappt das nicht.

Deinen Wunsch habe ich hiermit entgegengenommen. Ihr werdet beide auf Wolke sieben schweben. Allerdings dauert die Phase nur so lange, wie ihr beide ineinander verliebt seid.«

Ihr Gesicht wurde geschäftsmäßig. Das glaubte ich jedenfalls, denn ich wusste nicht wirklich, wie das bei Feen aussah. Zumindest war der Moment der Vertrautheit verschwunden, den ich kurz zuvor verspürt hatte. Plötzlich wurde mir eine weitere Tatsache bewusst. Ich war in der Lage, die Fee zu sehen! Sie schwebte einige Zentimeter über dem Boden und spielte mit ihrem Zauberstab, den sie mit einer Hand drehte. Verblüfft starrte ich sie an.

»Da staunst du, dass du mich jetzt sehen kannst?«

Ich nickte.

»Dein Mindset hat sich geändert. Du glaubst inzwischen an meine Gaben.«

Hatte sie Recht? Glauben war zu viel gesagt. Ich war eher offen für das, was kommen mochte. Was konnte mir Schlimmes passieren? Gar nichts. Im schlimmsten Fall traf ich nicht den Traumtypen, der für die Schmetterlinge in meinem Bauch verantwortlich war.

»Woher weiß ich, wenn ich einem Mann begegne, dass es der von dir geschickte Traumprinz ist?«

»Du wirst es spüren.«

Mich traf ein Regen aus kleinen, goldgelben Sternchen.

»Ich habe da noch eine Frage!«, rief ich.

Keine Antwort. Ich war allein. Das konnte lustig werden. Wahrscheinlich würde ich jeden Mann, der mir fortan begegnete, der Schmetterlingsprüfung unterziehen. Abends ging ich auf einen Drink in eine Bar. Schließlich hatte ich für Gelegenheiten zu sorgen, damit meine Fee aktiv werden konnte. Als ich die

Bar betrat, saß ein Mann an der Theke, der mir vom Typ her gefährlich werden konnte. Dazu schaute er mich an. Ich setzte mich an einen freien Tisch und bestellte, als der Kellner kam. Der Typ sah unverwandt in meine Richtung. Verstohlen nickte ich ihm zu. Mein Nicken erwiderte er. Er erhob sich. Ich erhob mich ebenfalls und machte einen Schritt in seine Richtung. Normalerweise war ich eher zurückhaltend. Die Unterstützung meiner Fee verlieh mir Mut. Zu meinem Erstaunen ging er knapp an mir vorbei. Vorsichtig blickte ich ihm nach. Ich sah, wie er eine andere Frau in den Arm nahm und an sich drückte. Nach dem peinlichen Vorfall geschah zwei Wochen lang gar nichts. Man kann sagen, ich machte um Männer einen Bogen, der von Hamburg bis nach München reichte. Morgens hatte ich es ständig eilig, mit dem Fahrrad in die Firma zu kommen. Das lag daran, dass ich gern lange schlief. Dadurch reizte ich das morgendliche Zeitkontingent bis aufs letzte aus. Auf dem Fahrradweg trat ich bei hohem Tempo kräftig in die Pedalen. Plötzlich öffnete sich vor mir bei einem geparkten Auto die Fahrertür. Die Gestalt, die sich herausschälte, drehte mir den Rücken zu. Im selben Moment wusste ich, es war zu spät! Innerlich machte ich mich sprungbereit. Zeitgleich landeten wir auf dem Boden. Sofort schimpfte ich los:

»Können Sie nicht aufpassen, Sie Idiot! Sie sind nicht allein unterwegs! Und das Auto entgegen der Fahrtrichtung zu parken, ist unzulässig!«

Ich ließ ihm keine Chance zu antworten. Wenn ich wütend war, verfügte ich über ein beeindruckendes Repertoire an Schimpfwörtern. Irgendwann war gut. Mein Redefluss geriet ins Stocken.

»Sie können ebenfalls gefälligst aufpassen! Sie müssen damit rechnen, dass jemand die Autotür öffnet.«

Wir erhoben uns beide. Endlich sah ich ihn an. Unter den blonden Stirnhaaren hatte er eine kleine Platzwunde, an der sich Blut sammelte. Er wischte mit der Handfläche darüber.

»Wird nicht so schlimm sein. Vorsichtshalber sollten wir jedoch unsere Personalien austauschen.«

Er reichte mir seine Visitenkarte. Ich besaß keine. Aus dem Grund kritzelte ich meinen Namen und die Telefonnummer auf einen alten Einkaufszettel, den ich im Rucksack fand. Danach trennten wir uns. Am folgenden Tag rief er mich nachmittags an:

»Hier ist Jo! Du weißt schon. Dein gestriger Unfall. Wir müssen uns unbedingt sehen!«

»Geht es Dir nicht gut?«

»Genau.«

Sofort tauchten bei mir Bilder von einem Prozess auf, in dem ich zu einer horrenden Schadenersatzsumme verurteilt wurde. ›Warum eigentlich ich?‹, schoss es mir durch den Kopf. Er hatte die Tür geöffnet, ohne sich zu vergewissern, ob der Radweg frei war.

»Na gut. Dann treffen wir uns heute Abend um sieben Uhr beim Italiener am Markt«, willigte ich ein.

Wie häufig bei Verabredungen war ich überpünktlich. Als er eintrat, blickte ich beim Näherkommen auf sein Pflaster an der Stirn. Das hätte ich ebenfalls hinbekommen. Ansonsten fiel mir an ihm nichts Besonderes auf. Er setzte sich zu mir.

»Was hast du für Beschwerden?,« legte ich sofort los.

»Keine Angst. Es geht mir gut. Ich wollte dich wiedersehen.«

Mir blieb der Mund offen stehen. Wenigstens war er ehrlich. Ich schaute ihn genauer an. Mir fiel sein blondes Haar auf. Dazu blickte ich in blaue Augen. Sollte er . . . ? Nein, das konnte nicht sein. Mein Traumtyp kam als Prinz auf einem Pferd daher oder zumindest im Sportwagen. Auf keinen Fall lernte ich ihn durch einen Unfall kennen. Mein Bauch, was sagte mein Bauch? Er war . . . unruhig. So ein, möglicherweise zwei Schmetterlinge, flatterten. Was hatte die Fee gesagt? Ich würde es spüren. Nun, spüren tat ich etwas. In meiner Fantasie hatte ich mir das Gefühl grandioser vorgestellt, mehr einer Ohnmacht nahe. Möglicherweise sollte ich offener sein, ihm eine Chance geben. Zumindest lief die Begegnung bislang positiver als die Geschichte mit dem Mann in der Bar. Jo war meinetwegen da. Ich entschloss mich, positiv zu denken und wandte mich ihm zu.

»Warum wolltest du mich wiedersehen? Lust zu erfahren, ob ich weitere Schimpfwörter kenne?«

Jo grinste.

»Das war schon beachtlich.«

Im Laufe des Abends entdeckte ich seine humorvolle Seite. Wir lachten beide über die gleichen Dinge. Sogar sportlich hatten wir dieselben Interessen. Daraufhin gesellten sich in meinem Bauch weitere Schmetterlinge hinzu. Nach drei Wochen waren wir ein Paar. Verliebt küssend schlenderten wir durch den Park. Wenn wir uns trennen mussten, konnten wir das nächste Treffen kaum erwarten. Meine Freundin Doro meinte, ich hätte dieses gewisse Leuchten in den Augen. Am Wochenende nahmen wir uns vor, auf den Fernsehturm zu fahren. Zum einen, weil wir von dort eine wundervolle Aussicht auf das Meer hatten. Zum anderen, weil es aufregend war, sich während der Fahrt im Fahrstuhl zu küssen. Als wir oben ankamen, wurden wir am Fahrstuhl erwartet. Der Mann stellte sich mit: »Mein Name ist Friedrich. Ich bin der Hausmeister«, vor.

»Wieso Hausmeister? Auf dem Fernsehturm gibt es doch keinen Hausmeister!«

Ich lachte und hielt Jo fest an der Hand. Er lachte ebenfalls. Unter uns schien der Boden zu schwanken. Das schrieb ich einem Schwindelgefühl nach dem schnellen Fahren des Fahrstuhls zu. Friedrich meinte, wir sollten uns umsehen. Tatsächlich war das Meer verschwunden. Stattdessen standen wir vor einem weißen Haus, aus dem fröhliches Lachen und Partygeräusche zu hören waren. Es sah aus wie aus Watte. Über dem Eingang stand geschrieben: ›Wolke Sieben‹. Irritiert schauten Jo und ich uns an. Ich hatte eine Idee:

»Das Haus hat bestimmt Christo verhüllt? Es ist ihm gelungen. Die Idee mit der Watte ist genial!«

Friedrich hielt meinem Blick stand. Äußerte sich jedoch nicht zu meinem Einfall.

»Ihr zwei Verliebten schwebt fortan auf Wolke sieben. Ihr habt hier ein Apartment und braucht euch um nichts zu kümmern. Es ist ähnlich wie in einem Hotel mit Restaurant, Fitnessbereich etcetera.«

»Ich habe gar keine Kleidung dabei«, warf ich frotzelnd ein, während Friedrich mit uns weiter ging.

Für mich war das ein Scherz. Auf Wolke sieben zu schweben! Das war eine Redensart, mehr nicht.

»Das macht nichts. Von uns bekommst du alles; sogar Kleidung. Eure Aufgabe ist es, miteinander glücklich zu sein und eure Liebe zu leben.« Friedrich sagte die Worte mit ernster Miene wie ein Butler, der in gewissen Situationen nicht lachen darf.

Inzwischen machte er vor einer Tür Halt und steckte einen Schlüssel ins Schloss. Die geöffnete Tür gab den Blick auf ein komplett eingerichtetes Wohnzimmer frei. Wir traten ein und schauten uns um. Außer einem Schlafzimmer, einer Küche und einem Bad gab es keine weiteren Räume.

»Das ist eher klein«, ließ sich Jo vernehmen. »Zuhause habe ich ein ganzes Haus für mich allein.«

»Platz ist hier Mangelware. Wolke sieben ist besetzt. Was meint ihr, wie viele Verliebte es gibt, die auf Wolke sieben schweben? Für alle hat Platz da zu sein. Ihr müsst eben ein bisschen zusammenrücken. Verliebten fällt das sicher nicht schwer. Es ist Frühling. Da gibt es so viele Verliebte wie Sand am Meer. Ein paar Wochen noch. Dann endet bei einem großen Teil das Gefühl und wir haben hier oben wieder mehr Platz.«

Er lachte uns an.

Irritiert blickte ich um mich. Simons Gesicht war ganz nah bei meinem. Sein Atem hatte mich gestreift.

»Hast du geträumt? Du sahst total entspannt aus und hast im Schlaf gelächelt.«

✩ Ein Ficus ist auch nur ein Mensch

Für manche Menschen mag ein teeschlürfender Ficus eine befremdliche Vorstellung sein.

Für alle, die nicht wissen, was ein Ficus ist: Es handelt sich um eine grüne Zimmerpflanze, die mit dem Gummibaum verwandt ist und vor Jahrzehnten - zu Großmutters Zeiten - in fast jedem Wohnzimmer zu finden war. Inzwischen ist der Ficus von den Zimmerpflanzengärtnern an den Zeitgeschmack angepasst worden. Nur Insider wissen, dass es sich beim Ficus elastichi um einen alten Bekannten aus Großmutters guter Stube handelt.

Mein Exemplar erregte vor ein paar Jahren in einer Gärtnerei meine Aufmerksamkeit. Einsam und verloren stand er ganz hinten an der Wand, umgeben von lauter Blühpflanzen. Die wanderten in die Einkaufswägen der Käufer. Sogar seine Kollegen hatten ihn inzwischen verlassen.

Warum wollte ihn niemand? Ich bahnte mir einen Weg, um ihn genauer anzuschauen. Er war kräftig gewachsen mit dunkelgrünen, länglichen Blättern. Als ich die Unterseite umdrehte, fand ich keine Schädlinge. Vorsichtig trat ich etwas zurück und blickte ihn von weitem noch einmal an.

Frühling. Sonnenschein. Blauweißer Himmel. Die ersten Rückkehrer aus dem warmen Süden bevölkerten in Schwärmen den Horizont. Wie eine wiederkehrende Krankheit befiel mich jedes Jahr zu der Zeit große Lust auf Veränderung. Leider konnte ich nicht jeden Frühling umziehen. Im Grunde könnte ich schon, doch ich scheute die damit verbundenen Anstrengungen. Daher betätigte ich mich lieber als Innenarchitektin und dekorierte innerhalb des Hauses um. Winterliche Dekorationsstücke wichen solchen in zarten Frühlingsfarben. Als grüner Däumling zog ich Grünpflanzen förmlich an. Plastikpflanzen kamen mir nicht ins Haus.

Der Ficus eroberte mein Herz im Sturm. Ganz alleine inmitten der Blütenpflanzen ließ er sich nicht unterkriegen. Aufrecht mit makellosen, grünen Blättern stand er da. Das war der Moment, in dem ich entschied, dass wir zusammengehörten. Im Grunde begann unsere Liebe also ganz unspektakulär. Er dankte mir den Kauf mit einem starken Wachstum. Im Obergeschoss fand ich für ihn den perfekten Platz. Ganz nah an meinem Lieblingssessel hatte er genügend Licht ohne die heiße Mittagssonne. Sein Blick fiel in den Garten bis zum angrenzenden Wald. In seiner Heimat wuchs er oft als Baum und erreichte Höhen von acht Metern. Mit den Bäumen im Wald war er in der Lage, sich auszutauschen und träumte möglicherweise von den Baumriesen seiner Artgenossen. Nach meinen Japanreisen gewöhnte ich mir an, aus dem Teetrinken etwas Besonderes zu machen, ohne allerdings von einer Teezeremonie zu sprechen, wie ich sie in Japan erlebt hatte. Dafür verzog ich mich ins Obergeschoss auf den Lieblingssessel und erfreute mich am Tee. In letzter Zeit hatte ich den Eindruck, dass ich beobachtet wurde. Das war beunruhigend so etwas im eigenen Zuhause zu erleben. Vielleicht hast du bereits ähnliche Erfahrungen gemacht. Schwer zu beschreiben und zugleich real. Ich erhob mich, drehte mich um und blickte in meinen Ficus. Sollte er mich beobachten, eine Pflanze? Wie verrückt war das denn? Im Laufe der Jahre hatte er aufgrund seines ungestümen Wachstums mich in der Länge um Einiges überragt. Sicher, er stand hinter meinem Sessel. Aufgrund seiner Größe könnte sich ein gewisses Unbehagen einstellen. Ich mochte es auch sonst nicht, wenn größere Personen hinter meinem Rücken standen. Wieso sagte ich ständig der Ficus? In der Schule lernte ich im Lateinunterricht, Substantive mit der Endung ›-us‹ waren Maskulina. Wer sagte mir, dass mein Ficus nicht weiblichen Geschlechts war und gemäß meiner Lateinkenntnisse eine Fica? Prüfend schaute ich auf die Pflanze. ›Männlich oder weiblich? Was bist du?‹ Als ich ›weiblich‹ dachte, hatte ich den Eindruck, einen Boxhieb in den Bauch zu erhalten. Mein Magen zog sich plötzlich zusammen. ›Ok, dann bist du eben männlich‹, schloss ich messerscharf. Mich beunruhigten meine Gefühle. Aus dem Grund fragte ich meine beste Freundin, ob ihre Pflanzen zu ihr sprechen oder sie vielleicht zu ihnen. Sie fixierte mich, lehnte sich dabei im Sessel zurück und zog die Augenbrauen hoch.

»Also …«, fing sie an.

Sätze, die mit ›also‹ beginnen, gefielen mir bereits in der Vergangenheit nie.

»Du spinnst«, fuhr sie fort.

»Ich sage nicht, dass der Ficus sich mit mir auf die Art und Weise unterhalten hat wie wir beide momentan. Prinz Charles unterhält sich mit seinen Pflanzen und sie mit ihm«, warf ich ein.

Zudem hatte ich gehört, dass Pflanzen nach einer wissenschaftlichen Untersuchung untereinander kommunizierten. Dieses Wissen verschwieg ich ihr wohlweislich. Sie lehnte sich an ihrem Platz weiter zurück. Ein vernichtender Blick aus ihren dunkelbraunen Augen traf mich. In ihnen las ich, dass ich nicht nur ›normal‹ verrückt sei, sondern, dass es an der Zeit sei, sich Sorgen zu machen.

War es möglich, dass mich der Ficus beobachtete, weil er mir auf dem Weg mitteilen wollte, dass er ebenfalls Tee trinken mochte? Ich war überzeugt, dass die Kommunikation zwischen uns auf eine stumme Art und Weise funktionierte. Aus dem Grund erhielt er neuerdings den letzten Schluck Tee aus meiner Tasse. Natürlich trank er nicht aus der Tasse, wie du möglicherweise denken könntest. Ich goss lediglich den letzten Rest Tee in seinen Blumentopf. Als Autorin der Geschichte wäre ich sogar in der Lage, den Ficus aus der Tasse trinken zu lassen. Meiner Fantasie sind keine Grenzen gesetzt. Ich gebe zu, einen Moment lang habe ich daran gedacht, ihn in unserer Sprache sprechen zu lassen. Sogar zum Ballettunterricht könnte ich ihn schicken. So grazil wie er gewachsen ist, gäbe er eine gute

Figur ab. ›Schwanensee‹ hielte ich für geeignet. Momentan habe ich allerdings in meiner Vorstellung Probleme, das passende Kostüm für ihn zu finden. Es ist schwierig, die Schwanenfedern über die einzelnen Blätter zu drapieren, so dass sich ein einheitliches Gesamtbild ergibt. In meinem Vorstellungsvermögen kommt er eher wie ein gerupftes Huhn daher. Infolgedessen höre ich auf meine Intuition. Und wenn es sein Wunsch ist, in seinem Pflanzenleben Tee zu probieren, erfülle ich ihm den gern. Was spricht dagegen, ihn mit einem Schluck Tee zu verwöhnen? Seitdem er regelmäßig seinen Tee erhält, habe ich nicht mehr den Eindruck, beobachtet zu werden. Seine Freude teilt er mir natürlich nicht in Worten mit. Ich finde allerdings, er steht ein kleines bisschen aufrechter als sonst an seinem Standort. Darüber hinaus dankt er mir die Geste mit zahlreichen neuen Blättern.

Gerne würde ich mich mit Prinz Charles zu einem Erfahrungsaustausch treffen. Ich kann mir vorstellen, ihn in mein Haus einzuladen und sogar mit ihm zu leben. Zwei so Pflanzenbegeisterte wie wir würden sich sicherlich bestens verstehen. Da er jedoch ein Schloss gewohnt ist und sich in meinem Haus eingeengt fühlen würde, wird es mit dem Zusammenleben wohl nicht klappen.

Und wenn doch? Was machen wir mit Camilla?

Ficusblätter sollen giftig sein - habe ich gehört.

Zeitfracht Medien GmbH
Ferdinand-Jühlke-Straße 7
99095 Erfurt, Deutschland
produktsicherheit@kolibri360.de